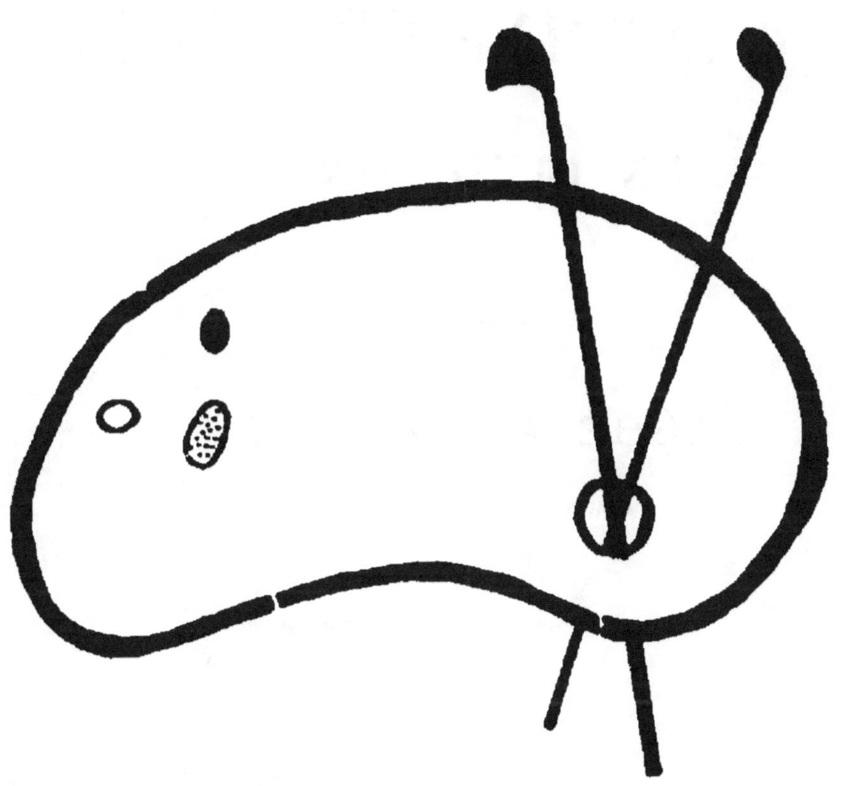

DEBUT D'UNE SERIE DE DOCUMENTS
EN COULEUR

NOTICE

SUR

SAINT ANTOINE DE PADOUE

EN LIMOUSIN

PAR

L'ABBÉ ARBELLOT

CHANOINE DE LIMOGES

Arca testamenti.
(GREGOR IX.)

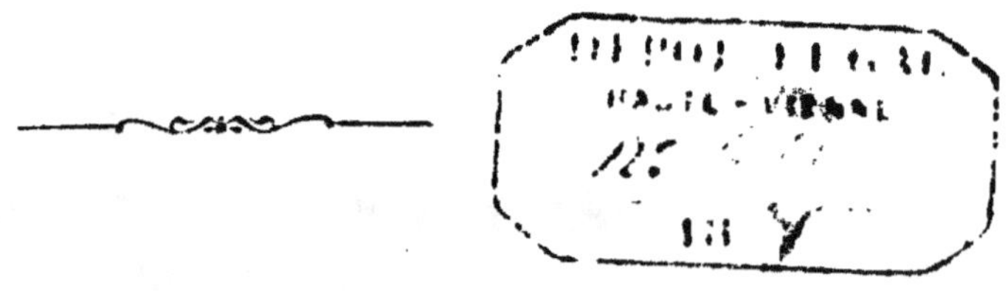

OUVRAGES DU MÊME AUTEUR

Les notices sur le *Tombeau de saint Junien* (1817), sur le *château de Châlusset* (1851), la *Revue archéologique de la Haute-Vienne* (1854), la *Dissertation sur l'apostolat de saint Martial et sur l'antiquité des Églises de France* (1855), *les Trois chevaliers défenseurs de la cité ... Limoges* (1858), sont épuisées.

HISTOIRE DE LA CATHÉDRALE DE LIMOGES, première partie, in-8° de ?0 pages, 1852. — A Paris, chez Haton. — Limoges, chez Leblanc et Ducourtieux. — Prix : 2 fr.

PIERRE LE SCOLASTIQUE, ou Fragments d'un poème sur saint Martial (x° siècle), recueillis et publiés pour la première fois, 1857. — A Paris chez Haton, rue Bonaparte, 23. — Prix : 1 fr. 50 c.

BIOGRAPHIE DE FRANÇOIS DE ROUSIERS, gentilhomme limousin du XVI° siècle, grand in-8° de 100 pages, 1859. — A Paris, chez Haton. — Prix : 2 fr.

DOCUMENTS INÉDITS SUR L'APOSTOLAT DE SAINT MARTIAL ET SUR L'ANTIQUITÉ DES ÉGLISES DE FRANCE, in-8° de 93 pages, avec trois planches lithographiées, 1860. — A Paris, chez Haton. — Prix : 2 fr. 50 c.

VIE DE SAINT LÉONARD, solitaire en Limousin, ses miracles et son culte, in-8° de 320 pages, 1863. — A Paris, chez Haton. — Limoges, chez Leblanc, Dumont, Ducourtieux. — Prix : 4 fr.

NOTICE SUR LE TOMBEAU DE JEAN DE LANGEAC, in-8°, 1869. — Limoges, Leblanc, Dumont, Ducourtieux. — Prix : 1 fr.

OBSERVATIONS CRITIQUES A MM. BOURASSÉ ET CHEVALIER SUR LA LÉGENDE DE SAINT AUSTREMOINE ET LES ORIGINES CHRÉTIENNES DE LA GAULE, 1870. — Paris, chez Haton, rue Bonaparte, 33. — Limoges, chez Leblanc. Pri?

AL?MAR? CHABANNES, 1873. — Paris, Champion, quai Malaquais, 15. — ?ges, chez Dumont, Leblanc, Ducourtieux. — Prix : 2 fr.

NOTICE SUR LE JUBÉ DE LA CATHÉDRALE DE LIMOGES, in-8°, 1878. — Paris, chez Haton.

NOTRE-DAME-DU-PONT à Saint-Junien, 1878. — Paris, chez Haton. — Prix : 1 fr.

LA VÉRITÉ SUR LA MORT DE RICHARD CŒUR-DE-LION, 1878. — Paris, chez Haton. — Limoges, chez Leblanc, Dumont, Ducourtieux. — Prix : 3 fr.

BIOGRAPHIE DU P. ROUARD DE CARD, de l'ordre des Frères-Prêcheurs, 1879, in-8°. — Paris, chez Haton. — Limoges, chez Leblanc, Ducourtieux, Dumont. — Prix : 1 fr.

ÉTUDE SUR LES ORIGINES CHRÉTIENNES DE LA GAULE, 1re partie : Saint Denys de Paris, 1880, in-8°. — Paris, chez Haton. — Prix : 3 fr.

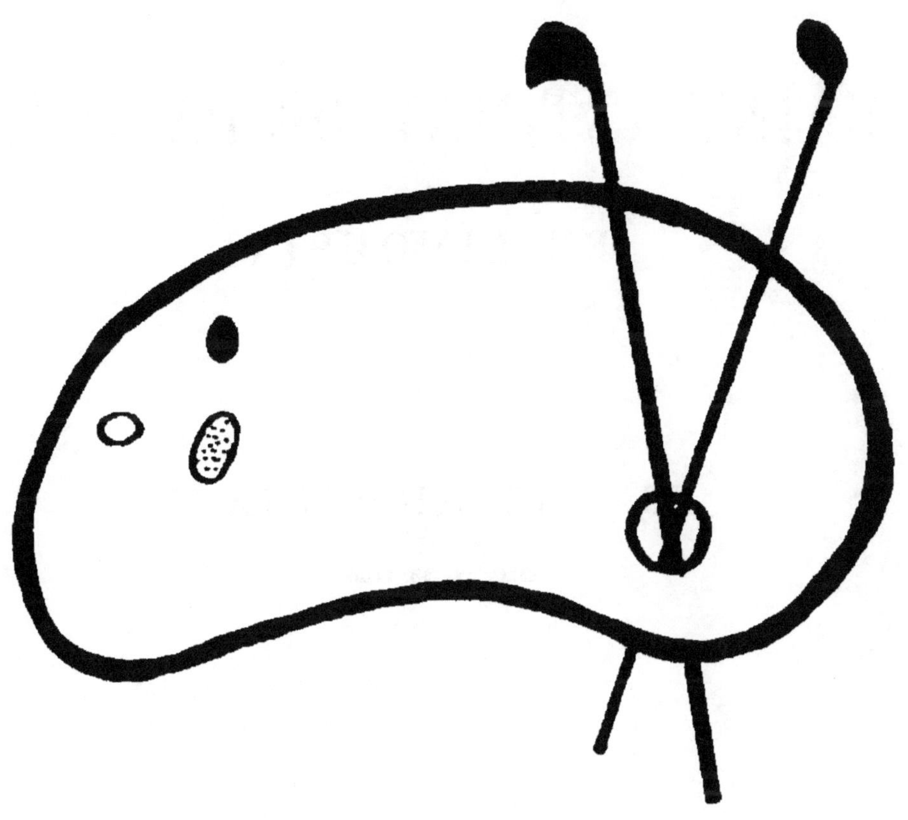

FIN D'UNE SERIE DE DOCUMENTS
EN COULEUR

NOTICE

SUR

SAINT ANTOINE DE PADOUE

EN LIMOUSIN

PAR

L'ABBÉ ARBELLOT

CHANOINE DE LIMOGES

Arca testamenti.
(GREGOR. IX.)

———

PARIS   LIMOGES

HATON, LIBRAIRE-ÉDITEUR   LEBLANC, LIBRAIRE
Rue Bonaparte, 33   Rue Cruchedor, 3

1881

A M. L'ABBÉ DELOR

CURÉ DE SAINT-PIERRE ET VICAIRE GÉNÉRAL

Monsieur le Curé,

Dans votre Église de Saint-Pierre, — que votre zèle pastoral a si bien restaurée, et sous les voûtes de laquelle retentit si fréquemment votre éloquente parole, — saint Antoine de Padoue a opéré un miracle et fait entendre sa voix. C'est sous l'impression de ce souvenir que j'ai eu la pensée de vous dédier cet opuscule, dans lequel je parle des miracles et des prédications de saint Antoine de Padoue en Limousin.

Daignez agréer ce témoignage de reconnaissance, que votre ancien élève vous offre aujourd'hui. Je serais heureux si je pouvais, par ce faible hommage, acquitter quelques-unes des dettes que j'ai contractées envers votre vieille amitié.

L'abbé ARBELLOT.

Limoges, 15 août 1880.

SAINT ANTOINE DE PADOUE

EN LIMOUSIN.

I. — Saint Antoine de Padoue, ainsi nommé de la ville où il est mort et où se trouve son tombeau, naquit à Lisbonne en 1195. C'est une des personnalités les plus remarquables du XIII siècle, de ce siècle si fertile en grands hommes. Entré dans l'ordre séraphique du vivant même de saint François, en 1220, Antoine de Padoue vint en France en 1224, et, après avoir rempli les fonctions de *lecteur*, c'est-à-dire de professeur de théologie à Montpellier et à Toulouse, il fut envoyé au Puy comme *gardien*, c'est-à-dire comme supérieur du couvent, en 1225. Peu de temps après, au commencement de l'année suivante 1226, il vint à Limoges en qualité de *custode*, c'est-à-dire supérieur de tous les couvents de son ordre en Limousin 1.

Quelques mémoires du pays, cités par le P. Bonaventure 2, fixent à l'année 1223 l'arrivée de saint Antoine de Padoue à Limoges : mais c'est une erreur manifeste, puisque, à cette époque, le bienheureux n'avait pas quitté

(1 « Cum beatus vir ex Tolosano lectore, et Podiensi *guardiano*, factus esset *custos* Lemovicensis. » SerRus, 1579, T. III, p. 731, cap. 25. — *S. Francisci et Antonii opera omnia*, labore JOANN. DE LA HAYE, 1739 : *Vita S. Antonii*, cap. XVIII, p. 15.)

2 *Histoire de saint Martial.* T. III, p. 550.

l'Italie. Ce qui a donné lieu à cette erreur, c'est une chronique du monastère de Saint-Martial, du xive siècle, qui prétend que saint Antoine de Padoue fut le premier Frère Mineur qui vint à Limoges : or il est certain que les Frères Mineurs ou religieux de Saint-François vinrent s'établir à Limoges en 1223. Trois notes écrites de la main de Bernard Itier, bibliothécaire de Saint-Martial, deux ans avant sa mort (1225), ne laissent aucun doute à cet égard. « *L'an 1223, l'ordre nouveau des Menydets* (c'est ainsi qu'en langage vulgaire on appelait les Frères Mineurs) est reçu à Limoges (1) ». Et plus loin : « L'an 1223, les Menudets commencèrent à demeurer à Saint-Paul (2) »: et encore : « L'an 1223, l'ordre des Menudets est reçu à Saint-Paul » (3).

L'église de Saint-Paul, où les Frères Mineurs s'établirent en venant à Limoges, était située à l'entrée, à gauche, de l'avenue des Bénédictins.

II. — Saint Antoine de Padoue ne vint à Limoges qu'en 1226. Cette date, qui s'accorde avec les autres documents que nous avons sur sa vie (4), nous est donnée par la chronique de Pierre Coral, abbé de Saint-Martin de Limoges, dans le manuscrit de la Bibliothèque Nationale qui porte le numéro 5452. On y lit ces paroles : « L'an 1226, le bienheureux Antoine, de l'ordre des Frères Mineurs, reçut dans notre domaine *de Saint-Martin* un local pour le logement des Frères Mineurs, moyennant certains pactes

-----

(1) « Anno M° CC° XXIIJ°... ordo novus *deu Menydet* apud Lemovicas receptus. » (DUPLÈS-AGIER, p. 115.)

(2) « Anno M° CC° XXIIJ°..... *li Menudet* ad S. Paulum cœperunt manere. » (*Id.*, p. 116.)

(3) « Anno gracie M° CC° XX° IIJ°... Ordo *deu Menudet* a S. Paul recipitur. » (*Id.*, » p. 117.)

(4) AZZOGUIDI, *Sermones S. Antonii in Psalmos : notæ de vita et miraculis*, p. XCI, in-folio, Bononiæ, 1757,

et certaines conditions. Plus tard ils abandonnèrent ce local, disant qu'ils ne voulaient pas garder les conditions, et ils se retirèrent de là (1) ».

Dans un autre endroit de sa chronique, à propos de la mort de saint Antoine de Padoue, arrivée le 13 juin 1231, Pierre Cora ajoute : « Il fut le premier des Frères Mineurs qui vint à Limoges, et il prit chez nous le local [pour le logement] des Frères, l'an 1226 (2) ».

C'est donc à tort qu'une chronique de Saint-Martial, dans le manuscrit 11,019, place cet événement en 1227 (3), et que la copie de Dom Estiennot, dans les *Fragments d'Histoire d'Aquitaine*, la place en 1221 (4).

III. — Les premiers Franciscains, venus à Limoges en 1223, s'étaient établis dans l'église de Saint-Paul; en 1226, saint Antoine de Padoue installa son couvent un peu plus loin, dans un local qui dépendait de l'abbaye de Saint-Martin. On sait que cette abbaye, qui était, avant la Révolution, une maison de *Feuillants* (réforme de l'ordre de Cîteaux), devint, après la Révolution, le pensionnat de Mlle de Brettes. L'église occupait le terrain qui forme aujourd'hui la rue des Feuillants, et le bâtiment de l'ab-

---

(1) « M. CC. XXVI. Beatus Antonius ord. Fratrum Minorum recepit locum ad opus Fratrum Minorum in dominio nostro cum certis conditionibus et pactis. Postea dimiserunt locum dicentes se non servare conditiones, et recesserunt inde. » (Ms. 5452, fol. CIX, recto.)

(2) « M. CC. XXX. Primo, XIII die mensis junii ob[iit] S. Antoninus (*sic*) qui primus fuit (*sic*) de ordine Fratrum Minorum venit Lem[ovicas], et inde accepit locum Fratrum super nos, M. CC. XXVI. » (Ms. 5452, fol. 4, r°.)

(3) « Anno M. CC. XXVII. Beatus Antonius ordinis Fratrum Minorum recepit locum ad opus Fratrum Minorum in dominio Sancti Martini, cum certis conditionibus et pactis, postea demiserunt locum, dicentes se non servare conditiones, et recesserunt inde. M. CC. XLIII, pridie septembris. » (Ms, 11019, p. 134 et 135.)

(4) *Historiens de France*, T. XXI, p. 795, C.

baye, avec ses dépendances, s'élevait sur l'emplacement où se trouvent aujourd'hui le jardin et le palais de la division militaire. Le couvent de saint Antoine de Padoue était situé derrière l'abbaye de Saint-Martin, non loin des Bonnes-Fontaines du Champ-de-Juillet, qu'on appelait à cette époque la fontaine des *Menudels*, c'est-à-dire des Frères-Mineurs.

Nous trouvons des renseignements précis sur ce premier couvent des Franciscains dans un ancien registre de la paroisse de Saint-Maurice qui comprend les années 1610 à 1616. On y lit ces paroles : « L'an 1223, les Frères Mineurs vinrent à Limoges s'établir au lieu appelé *Menudet*, où est à présent la Grange-Poillevé, paroisse Saint-Christophe (1). Or la Grange-Poillevé, qui devint, au xviie siècle, le prêche des protestants, était située, d'après une carte de Limoges dressée par Beauménil en 1768 2 , dans l'angle formé aujourd'hui, près du Champ-de-Juillet, par le cours Jourdan et la partie du cours Bugeaud qui descend à la gare.

Les Franciscains ne demeurèrent que dix-sept ans dans ce couvent, où ils avaient été installés, en 1226, par saint Antoine de Padoue : ils avaient fait, avec l'abbaye de Saint-Martin, certaines conventions et conditions qu'ils ne voulurent plus observer : et, l'an 1243, la veille des calendes de septembre, ils se retirèrent de là. « L'an du Seigneur 1243, dit une chronique de Saint-Martial, les Frères Mineurs s'en allèrent de la fontaine des Menudets au lieu où ils sont maintenant, près de Palvézy 3 . »

C'est dans ce dernier couvent que les Cordeliers ou reli-

---

(1) Louis Guibert, *Almanach Limousin*, 1869, 2e partie, p. 2.

(2) Conservée au grand-séminaire de Limoges.

(3) « Item, mutaverunt se dicti Fratres Minores de dicto loco (fons que dicitur *aus Menudetz*) ad locum in quo sunt prope *Pela vezy* anno Domini, M^o, CC^o, XLIIJ^o. » (Lat. 11,019, p. 267). (DUPLÈS-AGIER, p. 131.)

gieux de Saint-François sont restés jusqu'en 1790 (1). Vers cette époque, il fut acheté par M. Juge de Saint-Martin jeune, et il devint plus tard la propriété de la maison Pouyat. Le cercle de l'Union a été bâti de nos jours sur une partie de cet emplacement.

IV. — Saint Antoine de Padoue a illustré le Limousin par ses prédications et par ses miracles. « Ce pays est le dernier que l'homme de Dieu ait habité en France ; mais c'est peut-être celui où il a fait le plus de courses apostoliques et opéré le plus de merveilles (2). »

Les écrivains du temps racontent des choses prodigieuses sur les effets de la prédication du bienheureux Antoine et sur l'enthousiasme qu'il excitait partout sur son passage. Les églises étaient trop petites pour contenir la grande multitude de peuple qui courait après lui comme vers un apôtre et un homme de Dieu. Tous étaient avides de l'entendre et de voir les miracles qu'il opérait. Quand il parlait, on l'écoutait avec une telle attention que, dans des assemblées de trente mille hommes ou davantage, on n'entendait pas le plus léger murmure (3). Dans les villes, on fermait les magasins et on interdisait les ventes publiques jusqu'après ses sermons ; et il fallait qu'une troupe de jeunes gens robustes se tînt sans cesse autour de lui pour le protéger contre la piété indiscrète du peuple (4).

Quand il vint en Limousin, Antoine n'était âgé que de trente-un ans. Les sermons qui nous restent de lui ne

---

(1) On montrait dans ce couvent « *une cellule de saint Antoine* ». — Mais c'était une erreur, à moins qu'on ne l'eût transportée là du couvent *des Menudets*.

(2) *Histoire de saint Antoine de Padoue*, par l'abbé GUYARD, 1860, p. 108.

(3) WADDING, *Annales Minorum*, in-fol., 1625, t. I, p. 432.

(4) ID., *ibid.*

peuvent nous expliquer l'enthousiasme extraordinaire qu'excitait son éloquence ; mais nous n'avons de lui que des canevas de sermons écrits en latin, tandis qu'il prêchait en langue vulgaire, c'est-à-dire en langue romane. De plus, « la parole écrite n'est qu'une très pâle image de la pensée et surtout du sentiment : la vie se trouve, au contraire, dans la parole parlée, qui vibre sur les lèvres d'un homme vénéré et qui respire cet accent de vérité qui ne peut se feindre ni s'imiter. L'homme qui parle possède en lui-même le secret de sa force : si nous le savons profondément convaincu de ce qu'il dit, aimer véritablement quand il parle d'amour, trembler lui-même lorsqu'il traite des redoutables jugements de Dieu, alors le cœur de celui qui écoute s'ouvre de lui-même, ou, pour mieux dire, les cœurs de celui qui parle et de celui qui entend s'unissent et se confondent » (1).

V. — Saint Antoine de Padoue fit à Limoges son premier sermon dans le cimetière de Saint-Paul, près de cette église qui avait reçu les premiers Franciscains trois ans auparavant, en 1223 ; il prit pour texte de son sermon ces paroles du psaume XXIX° : « *Ad vesperum demorabitur fletus, et ad matutinum lætitia* » : « Le soir, il y aura des pleurs, et le matin, de la joie (2) ».

Le cimetière de Saint-Paul était situé devant l'église de ce nom, et occupait une bonne partie, surtout au nord-est, de la place Jourdan, comme nous l'apprenons par cette note des *Annales manuscrites* de 1638 : « En l'année 1505, fut réédifiée la chapelle de Sainte-Marthe.

---

(1) MGR NARDI, *Oraison funèbre du P. Freyd : Univers*, 6 mai 1875.

(2) « Beatus Antonius, qui primus venit Lem[ovicam] de ordine Fratrum Minorum, fecit primum sermonem in cimiterio sancti Pauli. Thema fuit : « Ad vesperum demorabitur fletus, etc. » (*Bibliothèque nationale*, ms. 11.019, fol. 38.)

devant le cimetière Sainct-Pol, au coingt et devant le grand portail de la place des Cordeliers, sur ses vieux fondements. De laquelle n'y reste rien depuis la contagion de l'année 1631 (1) ».

Nous trouvons dans les œuvres de saint Antoine de Padoue le canevas d'un développement de ce verset des psaumes, qu'il prit pour texte de son premier sermon à Limoges :

« Remarquez qu'il y a un triple soir et un triple matin dans chacun desquels il y a des pleurs et de la joie.

» Le premier soir fut la faute d'Adam, soir dans lequel il y eut des pleurs, lorsque, chassé du paradis, Adam mérita d'entendre cette parole : « *Tu mangeras ton pain à la sueur de ton front* ». (Genes., III.) — Le premier matin fut la naissance de Jésus-Christ, matin dans lequel il y eut une grande joie, selon cette parole de l'ange aux pasteurs : « *Evangelizo vobis gaudium magnum*, etc. II (Luc) » : « *Je vous annonce une nouvelle qui sera pour vous le sujet d'une grande joie* ».

» Le second soir fut la mort du Christ, soir dans lequel il y eut des pleurs : c'est pourquoi on lit dans saint Luc, chap. XXIe : « *Filles de Jérusalem, ne pleurez pas sur moi, mais pleurez sur vos enfants* ». — Le second matin fut la résurrection de Jésus-Christ, matin dans lequel il y eut de la joie : c'est pourquoi saint Jean, chap. XXII, dit ces paroles : « *Les disciples furent remplis de joie, ayant vu le Seigneur* ».

» Le troisième soir est la mort de chaque homme, soir dans lequel il y a des pleurs : c'est pourquoi on lit dans la Genèse, chap. XXIII : « *Sara mourut dans la cité d'Arbea, et Abraham vint pour la pleurer* ». — Le troisième matin sera pour les saints dans la résurrection

---

(1) *Annales manuscrites de Limoges.* in-8°, édit. DUCOURTIEUX, 1873, p. 315.

générale, et c'est alors qu'*une joie éternelle*, comme dit Isaïe, chap. XXXV, *brillera sur leurs têtes.* (1) ».

VI. — Saint Antoine de Padoue fit à Limoges son second sermon dans le monastère de Saint-Martin : il prit pour texte ces paroles du psaume 54e : « *Quis mihi dabit pennas sicut columbæ, et volabo, et requiescam* » 2 ? — « Qui me donnera les ailes de la colombe, et je volerai, et je me reposerai ? »

Nous avons cherché, dans les œuvres de saint Antoine de Padoue, le sermon qu'il avait composé sur ce verset du Psalmiste. Les auteurs de sa vie parlent d'un volume sur les psaumes, qu'il avait écrit de sa propre main, et qui, après lui avoir été dérobé par un des Frères, lui fut rendu miraculeusement. Ce précieux manuscrit, qui renferme le recueil des sermons de saint Antoine sur les psaumes, fut retrouvé dans le couvent de Bologne vers le milieu du siècle dernier, et fut publié, en 1757, par un savant Franciscain, le P. Antoine-Marie Ozzoguidi. Or, dans ce recueil, le sermon quatre-vingt-huitième roule sur ce texte : *Quis dabit mihi pennas ?* etc. C'est là précisément le texte du sermon que le Bienheureux prononça, en 1226, dans le monastère de Saint-Martin.

Sans doute ce n'est là qu'un sommaire en latin des idées que saint Antoine développa en langue vulgaire ; ce n'est là qu'une esquisse où sont dessinés, à grands traits, les principaux linéaments du discours ; ce n'est là qu'un cadre abrégé où manquent la vie et l'action oratoire. Mais, tel qu'il est, cet abregé peut nous donner une idée de la

(1) *Sancti Francisci et sancti Antonii Paduani Opera omnia*, labore JOANNIS DE LA HAYE, in-fol., 1739, p. 292, 293.

(2) « Secundum (*sermonem*) fecit in capitulo Sancti Martini. Thema fuit : Quis mihi dabit pennas sicut columbe ? etc. » (*Bibliothèque Nationale*, ms. latin 11,019, fol. 38. — P. BONAVENTURE, T. III, p. 551.)

manière de saint Antoine et de son génie oratoire, où les textes de l'Ecriture se pressent si nombreux et sont tellement coordonnés qu'ils forment comme la trame et le tissu du discours.

Dans ce sermon, saint Antoine s'adresse aux habitants du cloître ; il montre les sentiments d'un parfait religieux, et le désir qu'il doit avoir de fuir un siècle pervers, et de s'élever, sur les ailes des vertus, jusqu'à la contemplation divine. Il montre que l'âme, comme une colombe mystique, doit s'envoler, loin du monde, dans la solitude, pour y trouver Dieu, et qu'elle doit chercher un refuge et un abri dans le cœur de Jésus.

VII. — « *Qui me donnera les ailes de la colombe, et je volerai, et je me reposerai ?* Psalm. LIV, 7.)

» Ce passage de l'Ecriture exprime le désir d'une âme qui veut trouver la solitude à l'ombre du cloître et dans la vie religieuse ; et c'est à ce sujet que se rapportent ces paroles de Jérémie : « Abandonnez les villes, demeurez » dans les rochers, habitants de Moab, et soyez comme la » colombe. qui fait son nid dans les plus hauts creux de la « pierre (1) ». Laissez cette ville, de laquelle le Seigneur dit, par la voix du prophète Osée : « Je suis Dieu. et non » pas un homme ; je suis le saint qui est au milieu de toi, » et je n'entrerai pas dans la ville (2) », c'est-à-dire cette ville « au sein de laquelle j'ai vu l'iniquité et la contradiction : » jour et nuit l'iniquité l'environnera ; au milieu d'elle » on trouve les labeurs et l'injustice : l'usure et la fourberie » n'ont pas disparu de ses places publiques (3) ». *Iniquité* contre le prochain ; *contradiction* contre le prélat ; *labeur* dans les sollicitudes de ce siècle ; *injustice* dans les œuvres ; *fourberie* dans les séditions : *usure* dans la répétition de la

---

(1) *Jérémie*, XLVIII, 28.
(2) *Joël*, XI, 9.
(3) *Psalm.* LIV, 10-12.

vengeance. — Je n'entrerai pas dans cette ville, mais je recevrai ceux qui en sortent.

» C'est pourquoi le Seigneur dit : « Laissez les villes, et » demeurez dans la pierre », c'est-à-dire dans cette pierre que Jacob mit sous sa tête. — Et il s'endormit, et il vit les anges, et il reçut la bénédiction du Seigneur. Ce sommeil de Jacob figure la vie des habitants du cloître. Il sommeille, celui qui, voulant être dans le repos, s'éloigne des soucis du siècle ; mais il ne met pas une pierre sous sa tête, celui qui, s'éloignant des soucis extérieurs, ne place pas le désir de son cœur en Jésus-Christ ; — et un pareil homme ne reçoit pas la bénédiction de Jacob, qui est exprimée dans ces paroles : « Tu te dilateras à l'occident et » à l'orient, au nord et au midi [1] » : — *tu te dilateras à l'occident*, c'est-à-dire à l'occident des vices : car tes vices disparaîtront comme le soleil sous l'horizon ; — *tu te dilateras à l'orient*, c'est-à-dire à la lumière de la foi et des bonnes œuvres : — *tu te dilateras au nord :* le vent qui souffle du nord dessèche ce qui verdit, c'est-à-dire les délectations sensuelles : — *tu te dilateras au midi :* le soleil au midi brille d'un plus vif éclat et répand une chaleur plus grande : c'est-à-dire tu te dilateras à la clarté de la sagesse et dans la ferveur de la charité ! — Mais celui-là sera privé de cette bénédiction qui n'appuie pas sa tête sur la pierre.

» Écoutons ce qui suit : « Soyez comme la colombe, qui » fait son nid dans le creux le plus élevé du rocher ». Ce creux du rocher figure la blessure du côté du Christ....

» Car le Christ ouvre non-seulement ses bras, mais son côté et encore son cœur à la colombe, afin qu'elle s'y cache et y trouve un refuge, et qu'elle évite ainsi les embûches du démon. Il est dit aussi qu'elle fait son nid dans le creux le plus élevé *(in summo ore)*, « dans la

____

[1] *Genèse*, XXVIII, 14.

» bouche » du rocher. Cette « bouche » mystérieuse qui nous parle, c'est le sang du Christ qui a un langage ; et c'est pourquoi il est dit dans l'Epître aux Hébreux : « Vous vous êtes approchés de Jésus, le médiateur de la nouvelle alliance, et vous avez reçu l'aspersion de ce sang d'Abel (1) : car le sang d'Abel criait vengeance, tandis que le sang du Christ demande miséricorde. Aussi le texte sacré ajoute : « Prenez garde de fermer l'oreille à celui qui vous » parle » : mais, à l'exemple de la colombe, faites votre nid dans le creux le plus élevé du rocher.

» Mais avec quoi ferons-nous ce nid ? Le Christ lui-même nous fournit *la paille* avec laquelle nous pouvons le former : car il s'est fait chair, semblable à l'herbe desséchée *(factus est fœnum)*, en nous donnant l'exemple de la pauvreté, de l'humilité et des autres vertus. C'est ainsi que celui qui nous a donné la place pour faire un nid nous en fournit aussi la matière en nous montrant l'exemple de la douceur et de l'humilité. 2 »

VIII. — Saint Antoine de Padoue, prêchant à Limoges, dans l'église de Saint-Pierre-du-Queyroix, opéra un miracle de *bilocation* qui est rapporté par plusieurs écrivains du temps, et qui rappelle un miracle analogue dont on prouve l'authenticité dans le procès de canonisation de saint Alphonse de Liguori.

Citons d'abord l'auteur du *Livre des Miracles de saint Antoine* publié par les Bollandistes :

« C'était à l'époque où saint Antoine était *custode* en Limousin. Pendant la Semaine-Sainte, dans la nuit de la Cène *du Jeudi-Saint*, se trouvant à Limoges, dans l'église de Saint-Pierre-du-Queyroix, à l'heure des Matines,

----

(1) *Hebr.*, XII, 24, 25.
(2) S. ANTONII PATAVINI *Sermones in psalmos*. In-fol. Bononiæ. 1757, p. 129.

il distribuait la parole de vie aux peuples rassemblés dans ce lieu. A cette même heure, c'est-à-dire à minuit, les Frères Mineurs, dans leur couvent, chantaient, dans l'office des Matines, les louanges du Seigneur. Or le custode saint Antoine avait été désigné pour lire une leçon dans cet office. Lorsque les Frères, en chantant l'office, furent arrivés à la leçon que devait lire le bienheureux, il apparut tout à coup au milieu du chœur, et il chanta solennellement la leçon. Les Frères qui étaient là furent étonnés, et non sans raison : car ils savaient tous que, en ce moment, Antoine était en ville pour la prédication. Par un miracle de la puissance divine, il fut au même moment avec les Frères Mineurs dans le chœur du monastère, où il chanta la leçon, à la fin de laquelle il disparut, et au même moment, dans l'église de Saint-Pierre, au milieu du peuple, auquel il dispensa la parole de vie. Mais il garda le silence dans l'église, en présence du peuple, pendant le temps où il chantait la leçon dans le chœur du couvent 1. »

IX. — L'écrivain de la légende de saint Antoine de Padoue, publiée par Surius, a inséré, dans la narration de ce miracle, deux détails inexacts, que Wadding a reproduits dans ses *Annales des Frères Mineurs* 2. Cet écrivain reconnaît bien que ce miracle a été opéré à Limoges, et il ajoute que la leçon de l'office que devait chanter saint Antoine était la neuvième leçon réservée au plus digne, c'est-à-dire au supérieur du couvent ; mais, au lieu de parler de l'église de Saint-Pierre, il dit que c'est dans la grande église, dans l'église principale *in summa æde,* — *in primario templo*, à savoir dans la cathédrale, que le miracle a été opéré. A cette inexactitude il en ajoute une

---

(1) *Acta Sanctorum*, T. II junii, p. 726.

(2) *Annales Minorum*, authore LUCA WADDINGO : Lugduni, in-fol., 1625, T. I, p. 432.

autre ; car il prétend que le miracle a eu lieu, non pas dans la nuit du Jeudi-Saint, mais dans la nuit de Noël (1).

De pareilles inexactitudes s'expliquent facilement chez un écrivain étranger, éloigné du théâtre des événements. Nous avons contre lui non-seulement l'auteur du *Livre des Miracles de saint Antoine*, mais encore un écrivain limousin, un Franciscain, qui écrivait au XIIIe siècle, et qui devait avoir vu et entendu, dans le couvent de Limoges, des témoins du miracle opéré à Saint-Pierre. Cet écrivain est le frère Jean Rigaud, né dans le diocèse de Limoges, qui mourut évêque de Tréguier en Bretagne. Un célèbre historien limousin, Bernard Guidonis, qui écrivait au commencement du XIVe siècle, rapporte, dans son *Miroir Sanctoral*, la légende de saint Antoine écrite par Jean Rigaud. Voici la traduction du passage relatif à ce miracle :

« Lorsque le bienheureux Antoine était custode des religieux du Limousin, il arriva que, dans la Semaine-Sainte et dans la nuit de la Cène, à l'heure de minuit, le bienheureux se trouvait dans la ville ou château de Limoges, et dans une certaine église paroissiale qu'on appelle Saint-Pierre-du-Queyroix (2). Après qu'on eût achevé l'office de Matines, le saint, selon sa coutume, se mit à prêcher au peuple. Or, à ce même moment, les Frères-Mineurs chantaient Matines dans leur monastère, et le custode saint Antoine avait été désigné, selon l'usage, pour lire une leçon de l'office dans le chœur. Donc l'homme de Dieu prêchait à cette heure dans la susdite église de Saint-Pierre, qui est assez éloignée du couvent. Lorsque les Frères-Mineurs fu-

---

(1) *Vita S. Antonii de Padua*, cap. XVI, ap. DE LA HAYE, *S. Antonii Opera*, in-fol. 1739, p. 14.

(2) Le P. At, dans sa *Vie de saint Antoine de Padoue* (p, 157), appelle cette église *Saint-Pierre-des-Quatre-Chemins*. Cette inexactitude, et d'autres de ce genre, ont été relevées par le P. Henry, capucin, dans la *Revue Littéraire de l'Univers*, avril 1879, p. 116.

rent arrivés, dans l'office de Matines, à la leçon que devait lire saint Antoine, voilà qu'il apparut tout à coup au milieu du chœur, commença à lire la leçon et l'acheva jusqu'au bout. Tous les Frères qui étaient présents furent dans l'étonnement et l'admiration, parce qu'ils savaient que saint Antoine était en ville pour prêcher dans l'église de Saint-Pierre. La vertu divine le fit être à la même heure présent dans le chœur du couvent, où il lut la leçon de l'office, et dans l'église de Saint-Pierre, au milieu du peuple auquel il prêchait. Mais, se trouvant dans l'église, il garda le silence pendant le temps qu'il lut la leçon dans le chœur, [et ce miracle fut opéré] de peur que, à son occasion, il n'y eut quelque dérangement dans l'office divin 2. »

X. — La légende de saint Antoine de Padoue, dans Surius, rapporte un miracle semblable opéré à Montpellier. C'était un jour de fête solennelle 3. Le Bienheureux était en chaire dans la cathédrale, en présence du clergé et du peuple. Il venait de commencer son discours, quand il se souvint qu'il avait oublié de se faire remplacer pour le chant de l'*Alleluia* qu'il devait exécuter avec un autre religieux, pendant la grand'messe, dans l'église de son couvent. Alors il se penche sur la chaire, se couvre la tête de son capuce, et, dans cette attitude, reste quelque temps silencieux en présence de son nombreux auditoire. Or, pendant le temps qu'il garda le silence, il était dans l'église de son ordre, s'acquittant de la fonction qui lui était assignée. Quand le chant fut terminé, Antoine se re-

---

(1) *Bibliothèque Nationale*, ms. latin 5407, fol. CVII.

(2) Le jour de Pâques 1225, d'après Azzoguidi. (*In vitam S. Antonii Nota XXXIV : sermones in Psalmos*, præfatio, p. XCI, in-fol., 1757.)

leva en chaire, se découvrit la tête, et continua, avec une éloquence admirable, le sermon qu'il avait commencé (1).

XI. — Les chroniqueurs limousins ne nous disent pas quel fut le sujet du sermon de saint Antoine de Padoue dans l'église de Saint-Pierre-du-Queyroix. Mais il est naturel de penser qu'il prêcha sur le mystère du jour. Dans un recueil de ses sermons publié en 1684 par le P. Antoine Pagi, nous en trouvons deux sur le Jeudi-Saint : le second se termine ainsi :

« Voilà que notre bien-aimé, après avoir célébré le banquet divin et récité l'hymne d'actions de grâces, s'en va avec ses disciples sur la montagne des Oliviers. Il passe cette nuit sans sommeil, tout occupé de traiter l'affaire de notre salut. Il s'éloigne de ses disciples, il commence à s'attrister jusqu'à la mort. il fléchit les genoux devant son père: il lui demande que, s'il est possible, cette heure s'éloigne de lui: il soumet sa volonté à la volonté de son père. Il tombe en agonie. et son corps se couvre d'une sueur de sang. Après cela. un de ses disciples le trahit par un baiser: puis il est chargé de liens. et traîné comme un larron: sa face est couverte d'un voile, puis souillée par des crachats : on lui frappe la tête avec un roseau, il est accablé de soufflets. flagellé à la colonne, couronné d'épines. condamné à mort. On charge ses épaules du bois de la croix : il monte sur le Calvaire, il est dépouillé de ses vêtements. crucifié entre deux larrons, abreuvé de fiel et de vinaigre, blasphémé par les passants. Que dire de plus ? La Vie meurt pour les morts!... — Oh! ces yeux de notre bien-aimé qui sont fermés par la mort!... Oh! ce visage que les anges désirent contempler. couvert d'une pâleur mortelle ! Oh!... ces lèvres, rayons de miel distil-

---

(1) *Vita S. Antonii*, cap. XVI. ap. DE LA HAYE. *S. Antonii Paduani Opera.* in-fol., 1739. p. 14.

lant des paroles de vie, devenues pâles et livides !... Oh ! ces mains, au contact desquelles la lèpre s'éloignait, la vie revenait, la lumière était rendue aux aveugles, les démons fuyaient, les pains se multipliaient, ces mains, dis-je, sont percées de clous, et souillées de sang (1) ! »

...II. — Voici, sur ce même sujet de la Passion du Sauveur, un sermon qui peut nous donner une idée de l'éloquence de saint Antoine de Padoue. Le texte est tiré de l'Évangile de saint Luc :

« *Tradetur gentibus, et illudetur, et flagellabitur, et conspuetur, et postquam flagellaverint, occident eum.* »

« Il sera livré aux Gentils, et il sera tourné en dérision ; il sera flagellé et conspué, et, après avoir été flagellé, il sera mis à mort. » (Luc, XVIII, 32.)

« Hélas ! il est enchaîné, celui qui donne la liberté aux captifs ! il est insulté, celui qui est la gloire des anges ! le Dieu de l'univers est flagellé ! le miroir sans tache est souillé ! la splendeur de la gloire éternelle est obscurcie ! celui qui est la vie des mortels est mis à mort lui-même ! Et que nous reste-t-il, à nous malheureux, sinon de mourir avec lui ? *Eamus et moriamur cum eo!* (Joann. XI, 16.)

» O mon âme, compose un collyre [que tu appliqueras sur tes yeux] ; verse des larmes amères sur la passion d'un Dieu crucifié, comme on pleure sur la mort d'un fils unique !

» Le Seigneur, l'innocence même, est trahi par un de ses disciples ; il est tourné en dérision par Hérode ; il est flagellé par le gouverneur romain ; il est conspué par la population juive ; il est crucifié par la cohorte des soldats.

» 1° *Il est trahi par un de ses disciples...* — « Que » voulez-vous me donner, dit ce traître, et je vous le » livrerai ? » — Oh douleur ! il est vendu à prix d'argent,

____

(1) *Divi Antonii Paduani sermones hactenus inediti. studio* R. P. ANTONII PAGI. Avenione, 1684, in-12, p. 310.

celui dont le prix est inestimable! Eh quoi! Judas, tu veux vendre le fils de Dieu comme un vil esclave, *comme un chien mort!* et tu veux le vendre, non selon ta volonté, mais à la volonté de ceux qui l'achètent! — « Que voulez-vous me donner ? » — Et que puis-je te donner? Quand je te donnerais Jérusalem, la Galilée, Samarie, est-ce que je puis acheter Jésus? S'ils avaient pu te donner le ciel et les anges, la terre et les hommes, la mer et tout ce qu'elle renferme, est-ce qu'ils auraient pu acheter le Fils de Dieu, en qui sont tous les trésors de la sagesse et de la science divines? Non sans doute. Est-ce que le Créateur peut être acheté ou vendu par la créature? Et tu oses dire : « Que » voulez-vous me donner. et je vous le livrerai ? »

» Dis-moi, en quoi a-t-il pu te blesser? Tu as donc oublié l'humilité incomparable du Fils de Dieu et sa pauvreté adorable? tu as donc oublié sa bonté et son ineffable douceur? tu as donc oublié sa douce prédication et la vertu de ses miracles! tu as oublié ses pieuses larmes répandues sur Jérusalem et sur le tombeau de Lazare! tu as oublié le privilége qu'il avait daigné t'accorder en te choisissant pour un de ses apôtres, et en te plaçant parmi ses plus intimes amis! Tous ces bienfaits n'ont pu attendrir ton cœur! Ils auraient dû pourtant exciter ta pitié, et t'empêcher de dire cette parole : « Que voulez-vous me donner, et je vous le livrerai ? »

» Oh! qu'ils sont nombreux de nos jours les Judas Iscarioth qui vendent la vérité pour un intérêt temporel, trahissent leur prochain par le baiser de la flatterie, et ainsi vont à la fin se suspendre au lacet de la damnation éternelle !

2° « *Il est tourné en dérision par Hérode.* » C'est pourquoi on lit dans l'Evangile de saint Luc : « *Hérode avec toute sa cour le méprisa et se joua de lui en le revêtant d'une robe blanche* » (c. xx). Le Fils de Dieu est méprisé par Hérode! Celui que l'armée des anges acclame, en disant : Saint, saint, saint, le Seigneur, le Dieu des armées: celui que des millions d'anges assistent et adorent, comme dit le prophète Daniel c. vii⁰. « celui-là est tourné en dérision et revêtu par Hérode d'une robe blanche! » — Celui que Dieu le père a revêtu d'une blanche robe, c'est-à-dire d'une chair sans tache, prise dans le sein de la Vierge Immaculée *(a Virgine Immaculata assumpta)*, celui que Dieu a glorifié, est méprisé par Hérode! — O douleur! et c'est ce qui se renouvelle aujourd'hui!

3° « *Il est flagellé par Ponce-Pilate* » (*Jo an.*, **xix.**)— Afin que le fléau dont parle le Prophète Isaïe (cap. **xxviii**), et qui figure la puissance du démon ou la mort éternelle, ne tombât pas sur nous, — le Fils de Dieu, le Dieu de l'univers, a été attaché comme un voleur à la colonne, et flagellé d'une manière si atroce, que son sang coulait de toutes parts. — O douceur de la piété divine! ô patience de la bonté paternelle de Dieu! ô mystère profond et secret insondable des conseils éternels! — Père céleste, vous voyiez votre Fils unique, égal à vous même, attaché à la colonne des voleurs, et déchiré à coups de fouets comme un homicide! Et comment donc avez-vous pu vous contenir? — Nous vous rendons grâces, ô Père saint, de ce que, par les liens de votre Fils bien-aimé, vous avez daigné nous affranchir des liens du péché, et, par les fouets qui le déchirent, nous soustraire à ceux des démons!

4° « *Il est conspué par les Juifs.* » C'est ainsi qu'on lit dans Saint-Mathieu : « *Alors ils lui crachèrent au visage et l'accablèrent de soufflets* » (c. **xxxi**). — O Père, la tête de votre Fils est frappée avec un roseau! Ce visage, que les anges désirent contempler, est souillé de crachats, meurtri de soufflets par les Juifs! On lui arrache la barbe, on le traîne par les cheveux, et vous gardez le silence, ô Dieu de miséricorde! et vous dissimulez ces outrages, ou plutôt vous aimez mieux que votre Fils unique, en qui vous avez mis toutes vos complaisances, soit ainsi traité, que de voir périr la nation entière. — Louange et gloire à vous, ô mon Dieu, qui, avec les crachats et les soufflets de Jésus, nous avez fait un antidote qui chasse le poison de notre cœur !

5° « *Il est crucifié par les soldats.* » (Joan., XIX.) — « O vous tous qui passez par le chemin, arrêtez vos pas : examinez, et voyez s'il est une douleur semblable à ma douleur. Mes disciples s'enfuient, mes amis s'éloignent de moi. Pierre me renie, la Synagogue me couronne d'épines, les soldats me crucifient. Les Juifs se rient de moi, et me jettent leurs blasphèmes. Ils m'abreuvent de vinaigre et de fiel. Et quelle douleur est pareille à ma douleur ? Mes mains sont percées de clous ; mes pieds, sous lesquels la mer s'est montrée solide, sont cloués à la croix. Mon visage, qui brille comme le soleil dans toute sa splendeur, est changé en pâleur mortelle. Mes yeux, pour lesquels aucune créature n'est invisible, mes yeux sont fermés. Cependant mon Père vient seul à mon aide, et je remets mon âme entre ses mains ».

» Hélas ! le corps mystique de Jésus-Christ, c'est-à-dire son Église, le corps mystique de Jésus-Christ est de nouveau crucifié et mis à mort. Dans l'Église, les uns sont la tête, les autres sont les mains, les autres sont les pieds, d'autres le corps. La tête, ce sont les contemplatifs ; les mains sont ceux qui se livrent aux travaux de la vie active ; les pieds, ce sont les prédicateurs de l'Évangile ; le corps, ce sont tous les vrais chrétiens. Chaque jour ce corps mystique du Christ est crucifié par les soldats, c'est-à-dire par les démons, dont les suggestions perfides sont semblables à des clous meurtriers. Puis les Juifs, les hérétiques, les païens, l'outragent de leurs blasphèmes et l'abreuvent de fiel et de vinaigre, c'est-à-dire de persécution et de douleur. Mais cela ne doit pas nous étonner, car il est écrit : « Tous ceux qui veulent vivre pieusement » en Jésus-Christ souffriront la persécution ». (II Тimoth., ii , 12.)

« C'est donc avec raison qu'il a été dit du Christ : Il sera livré, il sera tourné en dérision, il sera flagellé, il sera conspué, il sera crucifié. — Prions Notre-Seigneur Jésus-

Christ de nous donner la grâce dans la vie présente, et la gloire dans la vie éternelle 1. »

Qu'on juge de l'impression que devaient produire, dans l'église de Saint-Pierre, de pareils accents, appuyés de la puissance des miracles !

XIII. — Pendant son séjour à Limoges, saint Antoine de Padoue prêcha dans l'ancien amphithéâtre romain, qui s'appelait alors le *Creux des Arènes*, et qui se nomme la place d'Orsay depuis que l'intendant de ce nom en a fait combler l'enceinte et l'a couverte de plantations pour la transformer en promenade publique.

C'était à cette époque un lieu de réunion ou se tenaient les foires et les marchés 2 , et où l'on s'exerçait au tir de l'arbalète 3. On s'y réunissait aussi pour des prédications et des cérémonies religieuses. Ainsi Bernard Itier, bibliothécaire de Saint-Martial, nous dit dans sa chronique : « L'an 1211, je fis un sermon au peuple, la veille de l'Ascension, dans le cimetière des Arènes 4, ainsi que l'année suivante et la quatrième et cinquième année : et je prêchai dans l'amphithéâtre le jour des Rameaux 5 ».

Mais laissons parler l'auteur du *Livre des Miracles de saint Antoine :*

VIV. « Une fois, à Limoges, il appela le peuple à la prédication : et, comme la multitude des fidèles était si

---

(1) *Sancti Francisci et sancti Antonii Paduani opera, labore, J. de la Haye,* in-fol., 1739. p. 166, *Sermo in die parasceves.*

(2) Duplès-Agier, *Chroniques de Saint-Martial,* p. 197 : document de l'an 1294.

(3) *Id., ibid.,* p. 209.

(4) Ce cimetière a servi jusqu'au commencement de ce siècle. Il était situé au-dessous de l'amphithéâtre romain, sur la place actuelle du Champ-de-Foire.

(5) « Anno gracie M° CC° xj°.... sermonem feci ad populum in cimeterio Arenarum, vigilia Ascensionis, et sequenti anno et quarto et quinto, et in Ramis Palmarum in Amphitheatro. » (Duplès-Agier, *Chroniques de Saint-Martial,* p. 81).

considérable qu'aucune église n'était assez grande pour la contenir, il convoqua la foule sur une place très vaste, — où se trouvaient autrefois les palais des païens, et qui s'appelle *le Creux des Arènes*, — afin que les fidèles fussent plus au large pour s'installer et entendissent plus commodément la parole divine. Or, pendant que le saint, prêchant avec le plus grand zèle, excitait par sa suave éloquence l'attention de son auditoire, et le tenait comme suspendu à ses lèvres, voilà que tout à coup des coups de tonnerre se firent entendre, des éclairs se dessinèrent en lignes de feu, et la pluie commença à tomber. Les auditeurs, ayant peur de l'orage, se troublèrent et se disposaient à partir. L'homme de Dieu les rassura doucement : « Ne bougez pas de place, leur dit-il, ne craignez point la » tempête : car j'espère en Celui dont l'espérance ne trompe » point que la pluie ne vous causera aucun dommage ». Le peuple obéit à la parole de l'homme de Dieu ; et « Celui qui lie les eaux dans les nue··· » [1] retint l'orage sur leurs têtes de telle sorte qu'une pluie très abondante se répandit de toutes parts autour de la ville, sans qu'une seule goutte d'eau, après cet avertissement du prédicateur, tombât sur le peuple, qui écoutait avec attention la parole de Dieu. Le saint prêcha longuement, et, une fois le sermon terminé, les auditeurs, sortant de l'amphithéâtre, virent la terre mouillée de tous côtés par une pluie abondante, tandis que le lieu qu'ils quittaient était parfaitement sec ; et ils louaient la puissance divine, que le saint venait de faire éclater (2). »

XV. — La légende de saint Antoine, dans Surius, renferme, à propos de ce fait, une faute de copiste ou une inexactitude qu'il est bon de relever, d'autant qu'elle a été reproduite par plusieurs écrivains (3) : cette légende place

(1) Job, xxvi, 8.
(2) *Acta SS.*, T. II junii, p. 727.
(3) Wadding, *Annales Minorum*, 1625, T. I, p. 433. — L'abbé

ce miracle à Bourges. Voici comment elle s'exprime :
« Lorsque le bienheureux Antoine, de lecteur de Toulouse
et de gardien du Puy qu'il était, eut été nommé custode
du Limousin, et qu'il traversait, en prêchant, le royaume
de France, il arriva enfin à la *ville de Bourges* (1) ». Le
contexte indique clairement qu'il faut lire ici la ville de
Limoges au lieu de celle de Bourges : *Lemovicensem civitatem*, au lieu de *Bituricensem civitatem*. En effet, il
est tout naturel de dire que, ayant été nommé custode du
Limousin, il se rendit, en traversant une partie de la
France, au poste qui lui était assigné, c'est-à-dire à la
ville de Limoges. Au surplus, nous n'avons pas seulement
sur ce point l'autorité du *Livre des Miracles de saint
Antoine :* nous avons encore en notre faveur deux écrivains limousins déjà cités, le Franciscain Jean Rigaud et
le savant Bernard Guidonis, qui rapporte sa légende. Voici
comment s'exprime le frère Jean Rigaud dans sa Vie de
saint Antoine écrite au xiii⁰ siècle et restée inédite jusqu'à
présent : « Un jour que le bienheureux Antoine prêchait
à Limoges, sur une place très vaste, dans un lieu qu'on
appelle vulgairement *le Cros des Arènes*, le peuple
suivait attentivement sa prédication, quand soudain on
entendit gronder le tonnerre, on vit briller des éclairs, et
la pluie tomber du ciel. Le peuple, craignant la tempête,
commença à quitter la place, et il se fit un trouble dans
l'assistance. Le saint rassura doucement ses auditeurs, et

GUYARD, *Histoire de saint Antoine de Padoue*, 1860, p. 102. — *Saint
Antoine de Padoue*, par l'abbé Bonnélye. Brive, 1877, p. 97. — Le
P. At. *Histoire de saint Antoine de Padoue*, 1878. p. 146.

Cependant MARC DE LISBONNE. (cité par Bonnélye, p. 81), et
le P. Bonaventure (*Histoire de saint Martial*, T. III, p. 551), ne
se sont pas trompés et reconnaissent que le miracle a été opéré
à Limoges.

(1) « Cum beatus vir, ex Tolosano lectore et Podiensi guardiano, factus esset custos Lemovicensis, et per regnum Franciæ
proficiscens concionaretur, tandem ad *Bituricensem* urbem per-
venit. » (SURIUS, 1579, T. III. p. 731, cap. XXVI.)

leur dit · « Ne craignez point; ne vous éloignez pas ; ne cessez pas d'entendre la parole, parce que j'espère dans le Seigneur que la pluie ne vous fera aucun mal ». Le peuple écouta sa voix, et le Seigneur, qui retient les eaux dans les nuages, les retint sur lui de telle sorte que, lorsque la pluie tombait abondamment de tous côtés autour de la ville, il ne tomba pas sur le peuple une seule goutte d'eau. La parole de Dieu, qui descendait sur les auditeurs comme une pluie spirituelle, les protégeait admirablement contre les inconvénients de la pluie matérielle, afin que la vertu du Verbe divin et de la prière de saint Antoine apparût clairement. Il continua son sermon autant qu'il voulut, et le peuple l'écouta avec une grande attention Quand les fidèles se levèrent après le sermon, ils virent, en sortant, la terre mouillée et toute détrempée par la pluie, tandis que le lieu qu'ils quittaient était resté sec comme auparavant 1'. »

XVI. — L'auteur d'une *Vie de saint Antoine de Padoue* imprimée à Limoges en 1715, après avoir raconté le miracle opéré par le bienheureux sur la place des Arènes, ajoute cette réflexion : « C'est ici qu'il faut lui appliquer les paroles de l'Ecriture : Que les vents, la grêle et les tempêtes étaient soumis à sa volonté : *Ignis, grando, nix, glacies, spiritus procellarum,* faciebant voluntatem *ejus* » *Psalm.* CXLXIII, 8 '2'.

C'est pendant l'été de l'an 1226 que saint Antoine prêcha dans l'amphithéâtre des Arènes, au milieu d'un violent orage qui n'atteignit pas ses auditeurs. Les chroniqueurs du temps n'ont pas indiqué le sujet de son discours ; mais, parmi les sermons du saint, nous en trouvons un

---

(1) *Bibliothèque Nationale,* mss. lat. n° 5,407, fol. CVII, v°. — Voir, à l'appendice, le texte de frère Jean Rigaud.

(2) *Vie de saint Antoine de Padoue,* Limoges, chez François Meilhac, 1715, p. 50. (L'exemplaire de cet ouvrage, qui est fort rare, appartient à M. l'abbé Tandeau de Marsac.)

qui aurait pu être de circonstance : c'est le second sermon sur les apôtres, que le bienheureux prêcha peut-être à l'occasion de la fête de saint Martial.

Saint Antoine prend pour texte ces paroles du Psalmiste : « *In omnem terram exivit sonus eorum :* Le son de leur voix s'est fait entendre à toute la terre » (1).

Il y a trois choses, dit-il, dont le son se fait entendre au loin : le tonnerre, la trompette et la cloche. Or, comme telle a été la voix des apôtres et des évangélistes, on peut dire à bon droit que « leur son s'est fait entendre à toute la terre ».

La prédication des apôtres fut un tonnerre par rapport aux méchants ; ce fut une trompette à l'égard des bons ; ce fut une cloche à l'égard des bons et des méchants.

1er point. — *Le Tonnerre.*

Et d'abord, d'après ces paroles du psaume 76 : *Vox tonitrui tui in rota :* La voix de votre tonnerre fait le tour du monde », nous voyons que les apôtres ont fait entendre leur parole jusqu'aux extrémités de l'univers. C'est pourquoi, dans l'évangile de saint Marc, ils sont appelés « les fils du tonnerre » (2). Ce tonnerre a retenti comme une voix parlante, lorsque leur prédication a dégoûté les hommes de l'amour du monde.

A l'égard du tonnerre, quatre choses sont à remarquer : — l'éclair précède, c'est-à-dire apparaît en premier lieu ; — puis le tonnerre gronde ; — ensuite la foudre éclate ; — enfin la pluie se répand. C'est ainsi qu'ont procédé les apôtres ; c'est ainsi que procèdent les prélats à l'égard des méchants. Ils commencent par avertir doucement le pécheur, afin qu'il revienne à Dieu : c'est la lumière de l'éclair ; — ensuite, si le pécheur ne s'amende pas, ils le menacent fortement et le réprimandent : c'est le bruit du tonnerre ;

---

(1) *Psalm.* XVIII, 5.
(2) *Marc.,* III, 17.

— si le pécheur méprise ces avertissements, on le frappe d'excommunication : c'est la foudre qui tombe ; — enfin vient la pluie de la compassion, afin qu'on prenne pitié de lui quand il a été frappé par les peines ecclésiastiques. C'est ainsi que le Christ a enseigné à ses disciples à procéder à l'égard des méchants. *« Si votre frère a péché contre vous, allez et représentez-lui sa faute en particulier »* : voici la douce lumière de l'éclair ; *« S'il ne vous écoute pas, prenez encore avec vous un ou deux témoins ; s'il ne les écoute pas non plus, dites-le à l'Eglise »* : voici le tonnerre ; *« S'il n'écoute pas l'Eglise même, regardez-le comme un païen et un publicain »* (1) : voici la foudre ; c'est la foudre qui doit venir après la séparation, et immédiatement après la foudre, la pluie de la compassion. C'est pourquoi, dans le même endroit de l'Evangile, Pierre ayant demandé au Seigneur : *« Combien de fois pardonnerai-je à mon frère quand il aura péché contre moi ? sera-ce jusqu'à sept fois ?* le Seigneur lui répondit : *« Je ne te dis pas jusqu'à sept fois, mais jusqu'à septante fois sept fois (2). »*

De même l'apôtre saint Paul lançait des éclairs quand il disait : *« Nous prions Dieu, afin que vous ne fassiez rien de mal »* (3) ; il tonnait quand il faisait entendre ces paroles : *« Je vous l'ai dit déjà, et je le répète encore à ceux qui ont péché auparavant : que, si je reviens encore, je ne les épargnerai pas (4) ;* il lançait la foudre quand il livrait à Satan l'incestueux de Corinthe (5) ; après tout cela, il répandait, comme une pluie, des larmes de compassion, quand il disait : *« Je pleure un grand nombre*

---

(1) *Matth.*, XVIII, 15-17.
(2) *Ibid.*, 21.
(3) II *Corinth.*, XIII, 7.
(4) *Ibid.*, XIII, 2.
(5) I *Corinth.*, V, 5.

de ceux qui ont péché auparavant, et qui n'ont pas fait pénitence » (1).

C'est ainsi que Samuel, après avoir fulminé contre Saül, répandait une pluie abondante : *Jusques à quand, lui disait le Seigneur, pleureras-tu Saül »* (2)? Pierre lançait des éclairs quand il disait : *« Je sais que vous avez péché par ignorance, tout comme vos princes. Donc faites pénitence, et convertissez-vous, afin que vos péchés soient effacés »* . Il tonnait quand il disait : *« Vous avez renié le Saint et le Juste, et vous avez demandé que l'homicide fût mis en liberté, et vous avez donné la mort à l'auteur de la vie ! Voici que nous nous tournons du côté des gentils* (3). » Il lançait la foudre quand la sentence qu'il prononçait frappait de mort Ananie et Saphire (4). Après la foudre, il répandait la pluie de la compassion ; car, après la sentence d'excommunication lancée contre Simon le Magicien, — auquel il avait dit : *« Que ton argent te soit en perdition ! »* — il ajoutait : *« Fais donc pénitence de ton iniquité, et prie Dieu de vouloir bien te pardonner cette pensée de ton cœur »* (5).

Second point. — La trompette.

Les apôtres ont été la trompette du Christ en réveillant les bons. On lit au livre des Nombres : « Faites-vous deux trompettes en argent battu, avec lesquelles vous puissiez convoquer la multitude (6) ». Il dit *deux trompettes,* pour marquer la perfection de la charité, et c'est pourquoi le Sauveur ordonne à ses disciples d'aller deux à deux (7).

(1) II *Corinth.*, XII, 21.
(2) I *Regum*, XVI, 1.
(3) *Act.*, III, 13, 15, 17; XIII, 46.
(4) *Act.*, V, 5, 10.
(5) *Ibid.*, VIII, 20, 22.
(6) *Numer.*, X, 1.
(7) *Luc.*, X, 1.

Ces trompettes ont un triple usage (1) : elles sonnent d'abord pour convoquer à la guerre, c'est-à-dire à la guerre contre les vices ; elles sonnent ensuite pour inviter aux festins, c'est-à-dire au banquet des vertus ; elles sonnent enfin pour inviter aux solennités, c'est-à-dire aux désirs des joies célestes. C'est à ces trois choses que les apôtres excitaient les bons. L'apôtre les convoque à la guerre, quand il dit : « Revêtez-vous d'une armure divine, afin que vous puissiez résister aux embûches de l'ennemi », etc. En toutes circonstances, prenez le bouclier de la foi, etc. (2). L'apôtre invitait les fidèles aux festins, en énumérant les douze fruits spirituels avec lesquels l'âme doit se nourrir : « Les fruits de l'Esprit sont la charité, la joie, la paix, la patience, la bénignité, la bonté, la longanimité, la douceur, la foi, la modestie, la continence, la chasteté » (3). L'apôtre appelait aux solennités, c'est-à-dire aux désirs des joies célestes, quand il disait : « Les souffrances de cette vie ne sont pas en proportion de la gloire future, qui sera révélée en nous » (4) ; — « Hâtons-nous donc d'entrer dans ce repos éternel » (5) !

Troisième point. — La cloche.

Les apôtres sont comparés à la cloche à cause de ces trois choses : la fabrication, les propriétés et l'office, c'est-à-dire les usages auxquels elle sert.

I. — Pour ce qui est de la fabrication, on commence par extraire des entrailles de la terre le métal qui doit la confectionner ; ensuite on le fait passer par le feu de la fournaise pour le fondre et le purifier ; et, une fois qu'il est fondu, on le coule dans un moule pour qu'il en prenne la forme.

---

(1) *Numer.*, X, 1-10.
(2) *Ephes.*, VI, 13, 16.
(3) *Galat.*, V, 22, 23.
(4) *Rom.*, VIII, 18.
(5) *Hebr.*, IV, 11.

1. — C'est ainsi que les apôtres et les évangélistes ont été tirés des occupations terrestres : saint Luc, des occupations de l'art médical ; saint Paul, de l'abyme des vices : *« Quand il a plu à Dieu*, disait l'apôtre, *il m'a tiré du sein de ma mère »* (1), c'est-à-dire de la synanogue, comme on extrait le métal du sein de la terre.

2. — En second lieu, les apôtres ont été purifiés par le feu de la charité et de la doctrine du Christ, selon ces paroles de Malachie : *« Il sera comme un homme qui s'assied pour faire fondre et purifier l'argent ; il purifiera les enfants de Lévi, et il les rendra purs comme l'or qui a passé par le feu ; et ils offriront au Seigneur des sacrifices dans la justice »* (2). En effet, le Seigneur les enseignait lui-même : c'est pourquoi on lit dans l'évangile de saint Jean : *« Maintenant vous êtes purs, à cause de la parole que je vous ai annoncée »* (3).

3. — La cloche est fondue dans un moule artistement fabriqué. — Les apôtres ont reçu la forme du moule, c'est-à-dire se sont formés à l'image de leur modèle. *« Le Christ a souffert pour nous*, disait saint Pierre, *en vous donnant l'exemple, afin que vous suiviez vos pas »* (4), c'est-à-dire afin que vous vous formiez sur ce modèle divin. — *« Soyez mes imitateurs*, disait l'apôtre, *comme je le suis moi-même de Jésus-Christ* (5). »

Observez que les vases du temple étaient fondus par Salomon dans une terre argileuse, dans la région champêtre du Jourdain (6). Or c'est là que le Christ a prêché et a enseigné ses disciples.

II. — Quant aux propriétés de la cloche, observez ceci :

---

(1) *Galat.*, i. 15.
(2) MALACH., iii, 2, 3.
(3) JOANN., xv, 3.
(4) I PETR., ii, 21.
(5) I *Corinth.*, iv, 16.
(6) III *Regum*, vii, 46.

lorsque une cloche est sans défaut, elle sonne bien ; mais lorsqu'elle est fêlée, elle rend un son désagréable.

Ainsi les apôtres ont été parfaits et accomplis, ne manquant en aucune chose (1) ; ils ont rendu les sons les plus beaux par la sainteté de leur vie et la pureté de leur doctrine. Car celui qui prêche sans la charité est semblable à un airain sonnant ou à une cymbale retentissante (2). — De plus, la cloche dans laquelle il entre beaucoup d'argent a un son très clair ; l'argent, qui ne murmure pas quand il est frappé, mais qui au contraire se dilate et s'étend, signifie la mansuétude qui ne se plaint pas, et la compassion dans le prédicateur. Sur le premier point (la mansuétude), rappelons ces paroles de l'hymne des saints martyrs : *Non murmur resonat, non querimonia :* Ils ne font entendre aucune plainte, aucun murmure : sur le second point (la compassion), saint Grégoire dit qu'on écoute volontiers un sermon qui part d'un cœur compatissant. — En outre, le son de la cloche se met d'accord, comme on dit, avec tous les chants, et tout le monde peut chanter par elle : c'est ainsi que les apôtres ont prêché dans toutes les langues. — Enfin le son de la cloche, quand il rentenit le long des eaux, devient plus doux : c'est ainsi que lorsque la prédication est tirée des eaux de la sainte Écriture, et non des fables, elle est douce aux oreilles de Dieu. « Vous leur prêcherez d'après moi », dit le Seigneur (3) ; « la voix du Seigneur retentit sur les eaux », et ensuite : « la voix du Seigneur retentit avec force » (4), parce que la prédication est puissante et magnifique lorsqu'elle est tirée des eaux de la Sainte-Écriture.

III. — Troisièmement, remarquez les nombreux usages de la cloche.

---

(1) Jacob., I, 4.
(2) I *Corinth.*, XIII, 1.
(3) *Ezech.*, III, 17.
(4) *Psalm.*, XXVIII, 3, 4.

1. — On la sonne en premier lieu pour réveiller du sommeil corporel et aussi du sommeil de la paresse, pour inviter à l'office divin et aux louanges du Seigneur par l'acquisition des vertus. C'est ainsi que saint Paul sonnait la cloche quand il disait : « *C'est l'heure maintenant de sortir du sommeil* » (1)! — Remarquez ce qui empêche l'homme de se lever et de sortir du lit, c'est-à-dire la paresse : « *Comme une porte qui se tourne sur ses gonds,* dit l'Ecriture, *ainsi le paresseux dans son lit* » (2).

2. — On sonne la cloche en second lieu pour apaiser les tempêtes, figure des péchés de l'esprit, qui sont suggérés par les puissances de l'air. C'est contre ces tempêtes que saint Paul sonnait la cloche quand il disait : « *Nous n'avons pas à lutter seulement contre la chair et le sang, mais contre les principautés et les puissances infernales, contre les princes de ce monde et de ce siècle de ténèbres* » (3).

3. — On la sonne en troisième lieu pour éteindre l'incendie, pour éteindre le feu dont la matière et le foyer sont sur la terre, et qui figure les péchés de la chair desquels parle Job, quand il dit : « *C'est un feu qui dévore jusqu'à l'entière destruction, et qui arrache tous les germes de la vie* » (4). C'est ce feu que l'apôtre disait d'éteindre : « *Couvrez-vous toujours du bouclier de la foi, avec lequel vous puissiez éteindre et amortir les traits enflammés du mauvais esprit* » (5).

4. — On la sonne en quatrième lieu pour marquer l'heure du couvre-feu, et pour avertir les gens d'aller prendre

----

(1) *Rom.*, XIII, 11.
(2) *Proverb.*, XXVI, 14.
(3) *Ephes.*, VI, 12.
(4) JOB, XXXI, 12.
(5) *Ephes* , VI, 16.

leur sommeil. — De même qu'il y a un feu mauvais, c'est-à-dire celui des péchés, de même il y a un feu très bon, c'est-à-dire celui des vertus. C'est de ce dernier feu que parlait le Sauveur quand il disait : « *Je suis venu allumer le feu sur la terre ; et que désiré-je, sinon qu'il s'enflamme de plus en plus ?* » (1). — Pour ce qui est du premier feu, on doit l'éteindre ; quant au second, il faut le couvrir avec soin, c'est-à-dire ne pas faire ostentation des vertus. L'apôtre recommandait de couvrir ce feu : « *O Timothée, gardez le dépôt avec soin* » (2) ; et le Sauveur disait : « *Pour vous, quand vous priez, entrez dans votre chambre, et, après en avoir fermé la porte, priez votre père dans le secret* » (3).

Remarque. — Celui qui, après l'heure du couvre-feu, est surpris rôdant au dehors, est regardé comme un voleur : — c'est ainsi qu'on doit regarder celui qui, par vaine gloire, fait ostentation de ses œuvres. Saint Grégoire appelle « un voleur » celui qui recherche avec trop d'avidité la louange humaine : donc, afin que le feu ne meure pas, on le couvre de cendres. Celui qui, après avoir fait toutes sortes de bonnes œuvres, considère ses défauts, s'appelle un serviteur inutile.

Autre remarque. — La cendre naît du feu qu'elle doit recouvrir : ainsi on peut tirer un sentiment d'humilité même de ses bonnes œuvres. « *Nous sommes tous devenus semblables à un lépreux*, disait le prophète, *et toutes nos justices sont devant Dieu comme un linge souillé* » (4). Le prophète sonnait la cloche pour avertir de couvrir le feu et d'aller se reposer, quand il disait : « *Allez, mon peuple ; entrez dans vos demeures, et fermez la porte sur vous* » (5).

(1) Luc., XII, 49.
(2) I Timoth., VI, 20.
(3) Matth., VI, 6.
(4) Isaïas, LXIV, 6.
(5) Isaïas, XXVI, 20

5. — On sonne la cloche, en cinquième lieu, pour convoquer le peuple à quelque réunion commune : c'est pourquoi la cloche appartient à la communauté. — C'est ainsi que les apôtres sonnaient la cloche pour exciter le peuple à l'union des cœurs par la charité : « *Ayez soin de garder l'unité de l'esprit dans le lien de la paix* » (1). On lit encore aux Actes des Apôtres : « *La multitude des croyants n'avait qu'un cœur et qu'une âme* » (2).

6. — On sonne la cloche, en sixième lieu, pour annoncer la mort de quelqu'un. — C'est ainsi que les apôtres, par le son de leur prédication, nous appelaient à connaître la mort du Christ : « *Je n'ai point fait profession de savoir autre chose parmi vous que Jésus-Christ, et Jésus crucifié* » (3). Et encore : « *Pensez en vous-mêmes à celui qui a souffert une si grande contradiction de la part des pécheurs qui se sont élevés contre lui, afin que vous ne vous découragiez point, et que vous ne tombiez point dans l'abattement* » (4). — « *Le Christ a souffert pour nous, vous donnant par là l'exemple, afin que vous suiviez ses pas* » (5).

7. — On sonne la cloche, en septième lieu, pour honorer l'arrivée d'un nouveau prince. — C'est ainsi que les apôtres recommandaient d'honorer le Christ quand il vient à nous : « *Glorifiez Dieu, et portez-le dans votre corps* » (6). C'est ainsi qu'on porte un nouvel évêque quand il fait son entrée dans sa ville épiscopale.

8. — On sonne la cloche, en huitième lieu, pour annoncer qu'un miracle vient de s'opérer : ainsi les apôtres prêchaient dans ce but, afin que, opérant parmi les

---

(1) *Ephes.*, IV, 3.
(2) I *Corinth.*, II, 2.
(3) *Act.*, IV, 32.
(4) *Hebr.*, XII, 3.
(5) I *Petr.*, II, 21.
(6) I *Corinth.*, VI, 20.

peuples des miracles spirituels, ils ressuscitassent les morts, rendissent la vue aux aveugles, etc. : « *Réveil-lez-vous, vous qui dormez, et levez-vous d'entre les morts !* » (1).

— Nous avons traduit intégralement ce sermon, ou, pour mieux dire, ce canevas d'un des sermons de saint Antoine de Padoue (2), afin de donner une idée de son genre d'éloquence. On voit qu'il possédait à fond les livres sacrés, et que le pape Grégoire IX, après l'avoir entendu prêcher à Rome, avait raison de dire de lui : « C'est l'arche du Testament et la bibliothèque des divines Écritures ».

XVII. — Pendant que saint Antoine était custode en Limousin, un jeune novice, nommé Pierre, était forte-ment tenté de quitter l'Ordre et de sortir du couvent. L'homme de Dieu, qui veillait avec la plus grande solli-citude sur le troupeau confié à sa garde, fut instruit de ces dispositions par une révélation divine, et fut touché de compassion à l'égard de cette petite brebis qui s'égarait. Il l'appela, l'embrassa avec une tendresse paternelle, puis, enflammé de l'Esprit de Dieu, il lui ouvrit la bouche avec sa main, et, faisant une insufflation, il lui dit : « Re-cevez le Saint-Esprit ». Chose admirable ! à peine le jeune homme eut-il senti le souffle du vénérable Père circuler dans sa poitrine, qu'il tomba subitement à terre et resta quelques instants comme mort. Saint Antoine, en présence des Frères qui étaient accourus, le prit par la main, le releva, et lui ordonna de recouvrer l'usage de ses sens. Le jeune homme revint à lui : son visage appa-rut d'une beauté surprenante : il se mit à raconter que,

____

(1) *Ephes.*, v, 14.
(2) *Sermones S. Antonii de Padua*, opera et labore Joannis de la Haye, 1736, in fol., p. 322.

après avoir reçu ce souffle sacré, il avait été ravi en extase, transporté au milieu des chœurs angéliques, et qu'il avait vu d'ineffables merveilles et des secrets divins. Saint Antoine, voulant attribuer ce miracle, non à ses propres mérites, mais à la puissance et à la miséricorde de Dieu, ordonna au novice de ne plus parler de ce qui lui avait été révélé. A partir de ce moment, ce jeune homme fut délivré de la tentation de découragement qui l'avait si fortement tourmenté; et, comme il le racontait lui-même, pendant tout le temps qu'il vécut dans l'Ordre, il ne ressentit plus les traits d'aucune tentation. Revêtu de la vertu d'en-haut, et marchant à grands pas dans les voies de la perfection, il devint un modèle pour ses Frères, et, après plusieurs années passées dans l'Ordre, il termina ses jours par une sainte mort (1).

XVIII. — Voici un autre miracle qui fut opéré à l'époque où saint Antoine était custode à Limoges. Il y avait, près du monastère où les Frères-Mineurs demeuraient alors, un champ très vaste, rempli de froment déjà mûr et prêt à moissonner (2). Le propriétaire de ce champ était un bienfaiteur de l'Ordre, très dévoué aux religieux. Or, un soir, après qu'on eut sonné la petite cloche pour l'oraison mentale après complies, lorsque saint Antoine s'appliquait à ce saint exercice, quelques Frères, sortant de l'oratoire, virent, à la clarté de la lune, dans le champ de leur voisin, une troupe de gens qui paraissaient occupés à le ravager et à arracher les épis. Les Frères, attristés de la perte qu'avait à subir ce bienfaiteur du monastère, allèrent d'un pas rapide trouver l'homme de Dieu au

---

(1) *Acta SS.* t. II junii. p. 726 ; — WADDING, *Annales Minorum.* 1625, t. I, p. 432· — L'ABBÉ GUYARD, *Histoire de saint Antoine de Padoue,* 1860, p. 108 ; — LE P. AT, *Histoire de saint Antoine de Padoue,* 1878, p. 155.
(2) C'est aujourd'hui le Champ-de-Juillet.

milieu de son oraison, et lui apprirent le dommage qui était causé à leur bienfaiteur. Le bienheureux Antoine leur répondit : « Laissez faire, mes Frères, laissez faire ; retournez à l'oraison, et ne vous inquiétez pas du dommage imaginaire que l'on causerait à notre ami. Ceux qui foulent ces récoltes sont des démons, qui veulent, par cette ruse, vous détourner de l'oraison, et, sous prétexte de charité, vous faire passer un temps précieux à les expulser. Sachez bien que la puissance du démon est très limitée, et que Dieu ne lui a pas permis de ravager cette moisson. Demain matin vous verrez ce champ aussi beau, aussi riant que la veille, et vous trouverez la récolte entièrement intacte et sans aucun dommage. » Les Frères obéirent à la parole de l'homme de Dieu, et attendirent le lendemain pour voir l'issue de l'évènement. Quand le jour fut venu, ils regardèrent de tous côtés, et ils virent que le champ était intact et sans aucun dégât. Ils connurent alors les piéges du démon et l'admirable vertu du bienheureux Antoine ; et, pour déjouer les ruses diaboliques, ils eurent la prière du saint en plus grande vénération (1).

Quelques écrivains ont placé ce miracle à Brive (2), mais c'est à tort. Le frère Rigaud dit clairement qu'il fut opéré quand saint Antoine était custode à Limoges. Le P. Bonaventure est de ce sentiment (3), et un écrivain contemporain, le P. At, dit aussi : « Il faut admettre qu'il s'agit du couvent de Limoges » (4).

XIX. — Un jour le bienheureux Antoine alla prêcher à Saint-Junien, ville du diocèse de Limoges. La multitude des fidèles accourus autour de lui était si grande que la vaste église ne pouvait les contenir. Il fallut que l'homme

----

(1) Fr. Rigaud (voir le texte à l'appendice) ; — *Acta SS.*, t. II junii, p. 727 ; — Wadding, *Annales Minorum*, 1625, t. I, p. 433.
(2) Bonnelye, *Saint Antoine de Padoue*, 1876, p. 107.
(3) P. Bonavent. t. III (*Annales du Limousin*), p. 551.
(4) *Histoire de saint Antoine de Padoue*, p. 159.

de Dieu se rendît avec la foule sur une place très étendue. On lui dressa en ce lieu une estrade du haut de laquelle il devait parler au peuple. Saint Antoine monta dans cette chaire, et dit au commencement de son discours : « Je sais, mes frères, que l'ennemi nous attaquera et cherchera à nous troubler pendant le sermon ; mais ne nous effrayons pas : sa malice ne nuira à personne ». Il n'était pas au milieu de son discours que la chaire du haut de laquelle il prêchait s'écroula avec un horrible fracas, au grand étonnement de tout le monde : mais cette chûte n'occasionna aucun mal ni au prédicateur, ni à aucun de ceux qui l'entouraient. Les auditeurs furent animés d'une plus grande vénération à l'égard du bienheureux, dans lequel ils voyaient briller l'esprit de prophétie. On dressa une nouvelle estrade, et le saint acheva son discours, que les fidèles écoutèrent avec la plus grande attention (1).

Quoique le texte latin du Livre des Miracles de saint Antoine ait tant soit peu défiguré le nom de la ville de Saint-Junien (2), ni les Bollandistes, ni les écrivains limousins ne s'y sont trompés : les Bollandistes reconnaissent qu'il s'agit de la ville de Saint-Junien, à cinq lieues à l'ouest de Limoges (3) ; et les écrivains limousins, tels que l'auteur de la Vie de saint Antoine imprimée à Limoges en 1715 (4), l'abbé Legros dans sa Vie des saints (5), et, de nos jours, l'abbé Bonnelye (6), ont tous désigné Saint-Junien. Il y a donc lieu de s'étonner que le P. At ait dit

---

(1) *Acta SS.*, t. II junii, p. 727. — WADDING, *Annal. Minorum.* t. I, p. 433.

(2) Il y a *S. Juvanum* au lieu de *S. Junianum.*

(3) *Acta SS.*, t. II junii, p. 728, note F.

(4) *Vie de saint Antoine de Padoue*, p. 62.

(5) *Manuscrits du Séminaire :* LEGROS, *Vies des saints*, t. III, p. 102.

(6) *Saint Antoine de Padoue*, p. 85.

dans sa Vie de saint Antoine : « Le nom de cette ville est perdu (1) ».

La prédication de saint Antoine à Saint-Junien dut mettre en honneur dans cette ville l'ordre de Saint-François, et contribua sans doute à l'établissement du monastère de Franciscains qui se trouvait dans cette ville. Wadding, l'annaliste des Frères-Mineurs, en rapporte la fondation à l'an 1230, et en fait honneur au vicomte de Rochechouart (2) ; toutefois ce n'est que vingt ans plus tard, en 1252, que les Franciscains prirent possession de ce monastère (3), où ils sont restés jusqu'à la Révolution.

XX. — Les chroniqueurs du temps ne disent pas sur quel sujet saint Antoine de Padoue prêcha à Saint-Junien : son sermon, interrompu par des embûches diaboliques, roulait peut-être sur le combat spirituel et sur la lutte que les chrétiens ont à soutenir contre les démons : pour mieux faire connaître le genre oratoire de saint Antoine, citons ici le commencement d'un de ses sermons sur le premier dimanche du Carême. Il a pour texte ces paroles de l'évangile du jour : « *Jesus ductus est in desertum a spiritu.* » (MATTH., IV, I.).

« Le temps de la Quadragésime est un temps de guerre. Ceux qui sont restés jusqu'ici dans l'esclavage du péché et du démon doivent, dans ce temps sacré, secouer le joug de la servitude, et, après avoir terrassé l'ennemi, recouvrer leur ancienne liberté...

» Mais, ainsi que le dit Vegèce, dans son Traité sur l'art

---

(1) *Vie de saint Antoine de Padoue*, p. 160, note 2. — L'abbé Guyard (p. 111) n'a pas non plus désigné cette ville.

(2) WADDING, *Annales Minorum*, p. 429 : « Alia duo in Aquitania, non tam consummata, quam incœpta hoc anno (1230) monasteria : primum apud Sanctum Junianum, Lemovicensium oppidum, ab illustrissimo quodam *Opiscabaldensium* vicecomite (*sic*) » pour *Rupiscavardi comite*.

(3) *Chronique de Maleu*, p. 74 et 160.

militaire, on triomphe plus sûrement de l'ennemi par la prudence et l'habileté que par la force. On voit en effet une multitude désordonnée s'exposer au massacre, tandis qu'un petit nombre de soldats aguerris remporte la victoire. C'est pourquoi notre sainte mère l'Église, — pensant aux dangers que nous courons dans cette lutte, où nous avons à combattre des ennemis habiles et rusés, féroces et puissants, — l'Église s'efforce d'apprendre à ses soldats la manière de combattre et de faire la guerre.

» Il y a sept choses qu'on a coutume d'observer dans les guerres corporelles :

» 1. Et d'abord, il faut choisir un chef ou capitaine qui conduise l'armée contre les ennemis. Le bon ordre de toute l'armée dépend du chef, et, quand celui-ci disparaît, tout tombe dans la confusion et le désordre. C'est pourquoi l'historien Josèphe, dans son livre de *la Captivité des Juifs*, dit que, chez les Romains, il n'était pas permis de vaincre sans l'ordre du général. Quant aux qualités que doit avoir le chef, les voici : il faut qu'il soit gracieux, noble, vaillant, habile, expérimenté, victorieux ; — gracieux, pour se faire aimer des soldats ; — généreux et de noble race, pour s'en faire respecter ; — vaillant, pour encourager ceux qui combattent sous ses ordres ; — habile, car c'est la sagesse du chef qui, en organisant la bataille, décide de la victoire ; — expérimenté et victorieux, c'est-à-dire heureux dans la guerre. — Or voici ce que fait l'Église dans *le premier dimanche de Carême :* elle nous propose un chef très gracieux, c'est-à-dire Notre-Seigneur Jésus-Christ, qui, quoique innocent et pur, a voulu encore être baptisé ; un chef très noble et très élevé, puisqu'il s'appelle Jésus ; — un chef très habile, qui a su déjouer les ruses de l'ennemi, car, pour tuer la mort, il s'est revêtu de la mort ; — un chef très expérimenté, car il va au devant de l'ennemi : c'est pourquoi il est dit de lui « qu'il est entré dans le désert » : — un chef victorieux, car il n'a jamais reculé, mais au contraire il a toujours terrassé et subjugué ses ennemis.

» 2. En second lieu, pour faire la guerre, il faut distribuer une solde ou une paye aux combattants, suivant la coutume des Romains, comme on le voit dans la legende de saint Martin. — C'est ce que nous enseigne l'Église dans *le second dimanche de Carême :* elle propose une solde et une récompense aux fidèles, quand elle leur montre le Christ transfiguré [sur le Thabor], manifestant à ses disciples son corps glorieux, et leur ouvrant les trésors des récompenses célestes.

» 3. En troisième lieu, en temps de guerre, on expulse les ennemis qui seraient venus par hasard s'établir sur le territoire. Ainsi quand une ville ou un royaume est en guerre contre d'autres, tous les ennemis sont bannis du royaume. — C'est ce que nous enseigne l'Église, dans *le troisième dimanche de Carême,* quand elle montre Jésus chassant le démon.

» 4. En quatrième lieu, en temps de guerre, on fait provision de vivres, afin que les combattants ne souffrent pas de la faim. — C'est ce que nous enseigne l'Église dans le *quatrième dimanche de Carême,* quand elle montre les pains multipliés pour nourrir les multitudes : alors ceux qui doivent combattre sont rassasiés et fortifiés.

» 5. En cinquième lieu, en temps de guerre, on donne le mot d'ordre, on déploie les étendards, on range l'armée en bataille. — C'est ce que fait l'Église au jour du *dimanche de la Passion,* quand elle chante l'hymne : « *Vexilla regis prodeunt, fulget crucis mysterium* », etc.: « *L'étendard du grand roi s'avance, le mystère de la croix resplendit,* etc. ».

» 6. En sixième lieu, les soldats ainsi armés, rangés en bataille, et ceints [de leurs baudriers], s'avancent en bel ordre pour le combat. — C'est ce que fait l'Église quand, au jour de *la fête des Rameaux,* elle marche sur les pas du Christ son chef, armé de pauvreté, de bonté et de douceur.

» 7. En septième lieu, après que la victoire est remportée et que les ennemis sont mis en fuite, l'armée revient en triomphe, chargée des dépouilles des vaincus. — C'est ce que fait l'Église lorsque, au jour de Pâques, elle marche à la suite du Christ triomphant et sorti du tombeau. C'est pourquoi Salomon, éclairé d'une lumière divine, considérant ce bel ordre dans l'Église, s'écriait avec admiration : « Quelle est celle qui s'avance, semblable à l'aurore naissante, belle comme l'astre des nuits, brillante comme le soleil, terrible comme une armée rangée en bataille [1] ? »

Arrêtons ici cette citation. On voit que dans ce sermon, qui rappelle la célèbre méditation de saint Ignace sur *les deux étendards*, saint Antoine de Padoue, par une conception ingénieuse, a pu encadrer dans une merveilleuse unité les évangiles de tous les dimanches de Carême.

XXI. — Un jour, le bienheureux Père s'en alla, sous la conduite de Dieu, à l'abbaye de Solignac. — On sait que la fondation de cette abbaye remonte à saint Éloi ; et saint Ouen, dans la Vie qu'il a composée du grand évêque de Noyon, son ami, a fait une poétique description du site pittoresque où s'élevait ce monastère, au milieu d'un riant vallon qu'arrose la Briance. — Un religieux de cette abbaye souffrait depuis longtemps de tentations délicates qui ne lui laissaient pas de repos, quoiqu'il employât, pour les vaincre, les macérations et les jeûnes, les veilles et les oraisons. Dieu réservait sa guérison au bienheureux Antoine. Quand il vint à Solignac, ce religieux, qui connaissait sa sainteté, alla se jeter à ses pieds, lui fit en confession l'aveu de ses péchés, lui découvrit avec confiance les tentations qui l'obsédaient, en lui demandant avec humilité le secours de ses prières. Touché de compassion, saint Antoine se dépouilla de sa tunique et lui dit de s'en

***

(1) Dominica I^a in Quadragesima, sermo secundus. — *Opera S. Antonii Paduani*, labore J. de la Haye, 1739, in-fol., p. 173.

revêtir. A peine l'eut-il fait, qu'une vertu secrète, qui se dégageait de ce vêtement, et qui émanait du cœur et du corps très chaste d'Antoine, réprima tellement chez ce religieux l'orage des sens, que, à partir de ce jour, il fut entièrement délivré de pareilles tentations, comme il le déclara fréquemment lui-même à de nombreux témoins (1).

XXII. -- L'abbé de Solignac était alors Hugues de Maumont. Nul doute qu'il n'ait prié l'éloquent prédicateur d'adresser la parole à ses religieux, et de faire entendre sa voix sous les voûtes de la superbe basilique. Citons à cette occasion un sermon que nous trouvons parmi les œuvres du saint, et qui a été composé pour la fête d'un martyr.

« *Gloria et honore coronasti eum.* » — « Vous l'avez couronné de gloire et d'honneur. » (Psalm., VIII, 6).

« Les martyrs reçoivent de Dieu une double couronne : la première, une couronne de gloire : c'est celle que possède l'âme ; — la seconde, une couronne d'honneur : c'est celle qui environne le corps et les reliques du saint, et qui résulte de la célébration de sa fête par le peuple.

» (1er POINT.) — La première couronne est représentée par cette couronne de douze étoiles dont il est parlé dans l'Apocalypse chap. XII : ces douze étoiles figurent les douze joies du paradis, dont les unes consistent dans la délivrance des maux, et les autres dans la possession des biens.

» Les âmes des saints, tant qu'elles résident dans le corps, sont ici-bas comme des étrangères ; elles sont dans une prison, chargées de chaînes, plongées dans les ténèbres ; elles sont dans l'exil, au milieu d'ennemis. »

» 1. Quand l'âme sort du corps pour entrer dans la vie

---

(1) *Acta SS.*, T. II junii, p. 726. — WADDING, *Annal. Minorum*, 1625, T. I, p. 132.

éternelle, la première joie qu'elle éprouve c'est de se sentir hors de la prison, délivrée des liens du corps, car la chair est la prison de l'âme, selon cette parole du Psalmiste : « *Educ de custodia animam meam* ». (Psalm. CXLI, 8.) C'est ainsi que saint Paul regardait son corps comme une prison, quand il s'écriait : « Malheureux que je suis, qui me délivrera de ce corps mortel (1)? »

» 2. La seconde joie qu'éprouve l'âme c'est de voir ses liens brisés. Or les liens qui enchaînent l'homme ici-bas sont les sept nécessités corporelles, c'est-à-dire la faim, la soif, le froid, la chaleur, le travail, la souffrance, et enfin la mort. C'est avec ces sept liens que Dieu a enchaîné l'homme après son péché.

» 3. La troisième joie que l'âme éprouve c'est la vision de la clarté divine. Celui qui est resté longtemps dans une prison ténébreuse, où il ne voyait ni le jour ni le soleil, se réjouit quand il peut voir l'un et l'autre. L'âme, tant qu'elle est dans le corps, est plongée dans les ténèbres de l'ignorance : « *Personne ne sait s'il est digne d'amour ou de haine* (2). » Ici-bas nous ne savons comment Dieu est tout à la fois *un* et *en trois personnes;* comment le Christ est tout à la fois Dieu et homme : après sa sortie de prison, l'âme verra ces choses clairement, selon ce que dit saint Paul : « *Maintenant nous voyons Dieu comme dans un miroir et en énigme, alors nous le verrons face à face* (3) ».

» 4. La quatrième joie consiste non-seulement dans la sortie de cet exil, c'est-à-dire du monde, qui est un lieu de

---

(1) *Infelix ego homo, quis me liberabit a corpore mortis hujus?* (*Rom.*, VII, 24.)

(2) *Nescit homo utrum amore an odio dignus sit.* (ECCLES., IX, 1.)

(3) *Videmus nunc per speculum in ænigmate : tunc autem facie ad faciem.* (I *Corinth.*, XIII, 12.)

périls, de privations et d'horreur (1), mais encore dans la possession de la patrie céleste, qui est un lieu rempli de charmes, de sécurité, de fécondité, selon cette parole d'Isaïe « Mon peuple résidera dans la beauté de la paix, dans les tabernacles de la confiance, et dans un repos opulent (2) ».

» 5. La cinquième joie consiste à être à l'abri des ennemis et des dangers, c'est-à-dire à n'être plus exposé aux attaques des démons et aux peines de l'enfer, quand l'âme s'écriera : « Béni soit le Seigneur, qui ne nous a pas livrés en proie à leur rage ! Notre âme s'est échappée du filet des chasseurs » (3).

» 6. La sixième joie consiste dans les félicitations des amis célestes, c'est-à-dire des anges, qui viendront pour conduire l'âme dans le paradis. (MATH., XXIV.)

» 7. La septième joie consistera dans la douce société des anges, quand il y aura entre les saints un tel lien de charité, que la joie de chacun sera commune à tous.

» 8. La huitième joie consistera dans la béatitude de l'âme, figurée par la robe blanche des livres saints, quand « une joie éternelle sera sur la tête » des bienheureux, et « qu'ils posséderont la joie et l'allégresse ». (ISAIE, XXXV, 10.)

» 9. La neuvième joie sera dans l'attente de la résurrection, et de ce jour où les élus posséderont dans la terre de promission une double récompense. (ISAIE, LXI, 7,)

» 10. La dixième joie consistera dans la fraternité admirable du Christ, de l'Homme-Dieu, quand nous verrons de nos yeux cette humanité glorieuse, quand nous pour-

---

(1) *Invenit eum in terra deserta, in loco hororis, et vastæ solitudinis.* (*Deuter.*, XXXII, 10.)

(2) *Sedebit populus meus in pulchritudine pacis, et in tabernaculis fiduciæ, et in requie opulenta.* (ISAIAS, XXXII, 18.)

(3) *Psalm.* CXXIII, 6, 7.

rons appeler Jésus-Christ notre frère, et lui dire cette parole : « Vous êtes l'os de mes os et la chair de ma chair. » (*Genes.*, II, 23.) « Nous aurons, dit saint Bernard, cette joie de plus que les anges : ce sera une joie pleine de suavité et de douceur de voir l'Homme-Dieu, créateur des hommes. »

» 11. La onzième joie consiste dans la connaissance manifeste de la Trinité, suivant cette parole de saint Jean : « La vie éternelle consiste à vous connaître, vous, seul Dieu véritable, et Jésus-Christ, que vous avez envoyé. » (JOANN., XVII, 3.)

» 12. La douzième joie consiste dans la possession éternelle et assurée de tous ces biens, suivant cette parole de saint Jean : « Personne ne vous ravira votre joie. » — « *Gaudium vestrum nemo tollet a vobis.* » JOANN., XVI, 22.)

» (SECOND POINT.) — La seconde couronne des martyrs est une couronne d'honneur. C'est celle que Dieu accorde à ses saints, dans ce monde, par la vénération de leurs précieuses reliques et par la célébration de leurs fêtes. C'est cette couronne que brisent, autant qu'il est en eux, ceux qui transgressent les fêtes des saints. Le Seigneur s'en plaint dans ces paroles de Job : « Il m'a dépouillé de ma gloire, il a enlevé la couronne qui ornait ma tête » (1). C'est là ce que font ceux qui transgressent les fêtes des saints et qui les profanent, en se livrant, dans ces jours sacrés, à la débauche, aux jurements, aux danses et autres divertissements défendus (2). »

XXIII. — Le fait suivant s'est passé en Limousin : mais les écrivains anciens qui le rapportent n'ont pas désigné la localité qui en fut le théâtre.

______

(1) *Spoliavit me gloria mea, et abstulit coronam de capite meo.* (JOB, XIX. 9.

(2) *Opera S. Antonii Paduani*, in-fol., p. 337.

Un jour que saint Antoine prêchait dans une église, à l'occasion d'une solennité, on vit entrer un homme habillé en courrier, qui s'avança vers une noble dame de l'auditoire, et lui remit une lettre en la priant de l'ouvrir. Cette dame avait un fils unique, que des ennemis personnels poursuivaient avec acharnement. Il était dit, dans cette lettre, que son fils avait été assassiné par ses ennemis dans un endroit que l'on indiquait. A cette triste nouvelle, la pauvre mère, ne pouvant contenir sa douleur, éclata en larmes et en sanglots. Alors saint Antoine, qui n'avait pas vu le contenu de la lettre, s'écria du haut de la chaire : « Ne craignez pas, Madame : votre fils n'est pas mort ; il est en bonne santé : il vous reviendra sain et sauf. Ce courrier de malheur est le père du mensonge, qui a porté cette triste nouvelle afin de troubler la prédication. Et pour vous en donner la preuve, vous allez voir que ce messager maudit va disparaître par la vertu divine. » A peine saint Antoine avait-il achevé ces paroles, qu'on entendit un gémissement plaintif, et le prétendu courrier s'évanouit comme une fumée (1).

L'auteur de la Vie de saint Antoine, imprimée à Limoges en 1715, a placé ce fait à Saint-Junien (2) : sur quelle autorité s'appuie-t-il ? nous l'ignorons.

XXIV. — Les peintres ont coutume de représenter saint Antoine de Padoue tenant l'Enfant-Jésus dans ses bras : d'après l'historien de l'ordre des Frères-Mineurs, c'est en Limousin qu'eut lieu cette apparition merveilleuse à laquelle les peintres font allusion (3).

Un homme pieux avait donné l'hospitalité à Antoine dans une chambre éloignée de tout bruit, parce qu'il savait

---

(1) *Acta SS.*, T. II junii, p. 729. — WADDING, *Annal. Minorum*, 1635. T. I, p. 434.

(2) *La Vie de saint Antoine de Padoue*, p. 62.

(3) *In eodem tractu Lemovicino*, etc. (WADDING, *Annal. Minorum*, T. I, p. 434.)

qu'il était ami du repos et de la solitude. Au milieu d'une nuit profonde, le maître de la maison, voulant voir comment son hôte passait sa veillée dans la prière, regarda par une légère fissure de la porte, et aperçut dans les bras du bienheureux un petit enfant d'une beauté extraordinaire, qui le caressait. Antoine, les yeux attachés sur ce charmant visage, tantôt semblait immobile dans l'extase ; et tantôt, l'embrassant avec tendresse, lui adressait des paroles pleines d'amour et de respect, qui trahissaient la présence d'un Dieu. A ce spectacle, le maître de la maison, reconnaissant l'Enfant-Jésus, se mit à l'adorer. Le petit enfant révéla lui-même à saint Antoine la pieuse curiosité de son hôte, et il continua de s'entretenir longuement avec lui.

Le lendemain, Antoine et celui qui avait partagé les joies de la merveilleuse vision s'entretenaient ensemble de l'infinie bonté du Sauveur des hommes. L'homme de Dieu recommanda instamment à son ami de ne parler à personne de cette apparition céleste, tant que lui-même vivrait. Celui-ci garda fidèlement le secret ; mais, après la mort d'Antoine, le témoin de ce prodige en certifia la vérité par serment, en posant la main sur les saints évangiles (1).

XXV. — Quelle est la localité limousine qui fut le théâtre de cette apparition ? — Dans son Histoire de saint Antoine de Padoue, le P. At prétend que « ce coin obscur du Limousin qui fut le thabor d'Antoine est resté sans nom dans les annales du monde » (2). Et dans une réponse au R. P: Henry adressée à une Revue à propos de son livre, —parlant des lacunes que présentent les Bollandistes, il pose plusieurs questions et entre autres celle-ci : « Dans quel

(1) WADDING, *ibid.*
(2) *Histoire de saint Antoine de Padoue,* 1878, p. 161.

bourg du Limousin [saint Antoine] fut-il favorisé de la vision de l'Enfant-Jésus » (1) ?

La réponse à cette question se trouve dans plusieurs Vies de saint Antoine de Padoue.

On lit dans la Vie du saint, imprimée à Limoges, chez Meilhac, en 1715 : « Le seigneur de Châteauneuf (2), homme distingué par sa naissance et par l'abondance de ses richesses dont Dieu l'avoit favorisé , ami particulier des religieux de saint François, et leur magnifique bienfaiteur comme le fondateur de leur couvent, désiroit avec ardeur de voir saint Antoine, lequel, pour satisfaire son pieux et religieux désir, lui rendit visite. Hélas! quelle consolation ne goûta pas ce seigneur de la conversation qu'il eut avec notre saint, dans lequel il découvrit une douceur charmante, une humilité profonde, une charité héroïque, et un zèle tout de feu pour le salut des âmes! Pénétré et comme embaumé de l'odeur des rares qualitez de l'esprit et de la sainteté d'Antoine, s'étans retirez après avoir fait ensemble une fervente prière, le gentilhomme, poussé par une innocente curiosité de sçavoir ce que notre saint faisoit dans sa chambre, découvrit qu'il étoit en oraison, et vit l'Enfant-Jésus entre ses bras qui l'embrassoit et lui faisoit mille caresses, ayant mérité de le recevoir corporellement de la façon qu'on le peint (3)! »

Quelques savants (4) ont douté que ce prodige eût eu lieu à Châteauneuf, parce que l'auteur du Livre des Miracles de saint Antoine, publié par les Bollandistes, parle non pas d'un château ni d'un seigneur , mais d'une ville et d'un

<hr>

(1) *Revue Littéraire* de l'*Univers*, mai 1879, p. 133.

(2) Châteauneuf-la-Forêt, entre Limoges et Eymoutiers.

(3) *La Vie de saint Antoine de Padoue*, 1715, Limoges, p. 57. — — L'abbé Bonnelye a aussi adopté ce sentiment. (*Saint Antoine de Padoue*, p. 92.)

(4) L'abbé Legros, *Vie des saints du Limousin*, T III, p. 402, (Manuscrits du séminaire de Limoges).

bourgeois : citons le texte de ce document, qui offre quelques légères variantes de détail avec celui que nous avons déjà traduit :

« Comme le bienheureux Antoine prêchait dans une *certaine ville*, *un bourgeois* lui donna l'hospitalité dans une chambre séparée afin qu'il vaquât tranquillement à l'exercice de la contemplation. Or, tandis que le bienheureux priait seul dans sa chambre, le bourgeois allait et venait dans les dépendances de son logis. Ayant regardé par une pieuse curiosité dans la chambre où il priait, il vit par la fenêtre, dans les bras de saint Antoine, un enfant plein de grâce et de beauté que le saint embrassait, tenant son regard attaché sur ce charmant visage. Le *bourgeois*, pâle d'émotion et comme en extase devant cette ravissante figure, pensait en lui-même d'où pouvait venir un enfant si beau. Or ce petit enfant qui n'était autre que le Seigneur Jésus, révéla lui-même à saint Antoine que le bourgeois le regardait. Après être resté long-temps en oraison, et quand le petit enfant eut disparu, le bienheureux appela le bourgeois, et lui défendit de révéler ce qu'il avait vu, tant que lui-même serait vivant. Celui-ci, après la mort d'Antoine, révéla sa vision en versant des larmes d'attendrissement et de piété (1). »

Malgré les variantes que présente ce récit, nous pensons que c'est à Châteauneuf qu'a eu lieu cette apparition de l'Enfant-Jésus à saint Antoine. En effet, le P. Bonaventure de Saint-Amable, dont personne ne peut mettre en doute la consciencieuse érudition, et qui avait sous la main beaucoup de documents que nous n'avons plus, le P. Bonaventure, dans ses *Annales du Limousin*, publiées en 1685, reconnaît que c'est à Châteauneuf qu'eut lieu ce miracle. Voici comment il s'exprime dans l'article qu'il a consacré à saint Antoine de Padoue :

---

(1) *Acta SS.*, T. II junii, p. 729, n° 24.

« Ce saint homme visitoit quelquefois les gentilshommes d'alentour, lesquels lui faisoient de grosses aumônes, et l'aidoient au bâtiment de son couvent. Les seigneurs de Châteauneuf, ayans de particulieres tendresses pour luy et pour son ordre, recevoient plus souvent l'honneur de ses visites : comme ils le prioient d'offrir à Notre-Seigneur ses oraisons et sacrifices pour la prospérité de leur famille, un jour les valets, qui avoient fait des trous à la porte de sa chambre pour observer ses ravissemens et extases, le virent tout entouré de lumière, et en firent le rapport à leurs maîtres, qui en furent les admirateurs. L'ayant pressé de dire la grâce qu'il avait reçue de Notre-Seigneur, et combien il pensoit que dureroit leur maison et postérité ? il leur répondit qu'elle persévéreroit dans son ancien lustre, tandis que la foy et la piété y seroient conservées : mais que, cela manquant, elle décherroit aussitôt. Enfin, ces seigneurs sollicitans de l'homme de Dieu de leur désigner le temps de ce déchet, il leur dit que dans trois générations leur famille clocheroit et tomberoit en ruine à cause de la perte de la foy catholique. On dit que cette solennelle prophetie de saint Antoine fut mise par écrit entre les titres de la Maison de Châteauneuf ou dans quelque tableau pour servir de monument à leurs décendans et les exhorter à la piété et à conserver la foy inviolable. On a vu dans nos jours l'accomplissement de cette prophetie : car le dernier seigneur de la maison, qui estoit boiteux et huguenot, mourut sans postérité, et son château avec les autres seigneuries qui en dépendoient ont passé en des mains étrangères, et des bourgeois de Limoges en sont les possesseurs. Ces pieux amis de saint Antoine lui fournissoient abondamment de l'huile pour la lampe du Saint-Sacrement, et avoient ordonné dans leur testament qu'à chaque changement de seigneur, celui qui auroit Châteauneuf fourniroit chacun des Frères-Mineurs de Limoges d'une robe neuve (1). »

----

(1) *Histoire de saint Martial*, T. III, p. 551. On voit encore dans

XXVI. — Pendant que saint Antoine était custode en Limousin, il alla fonder à Brive un couvent de Frères-Mineurs. Afin de se livrer plus facilement aux exercices de la contemplation et de mener avec une plus grande austérité la vie solitaire, il se construisit, dans une grotte située près du couvent, une sorte de cellule : et là, dit-on, il creusa une fontaine, qu'entretiennent les gouttes d'eau qui distillent du rocher. Les pèlerins n'ont jamais cessé de visiter cette grotte et d'aller boire avec dévotion à cette fontaine ; et depuis quelques années, les religieux Franciscains ont repris possession de ce monastère, qui a été illustré par les miracles et la présence de saint Antoine et fondé par lui du vivant même de saint François.

Dans sa cellule de Brive, l'homme de Dieu prêchait la pénitence autant par ses exemples que par ses discours. Nous avons recueilli, dans les œuvres du saint, quelques pensées sur la pénitence, qui trouveront ici leur place : on verra par ces extraits, comme par les autres que nous avons déjà reproduits, qu'il y avait en saint Antoine de Padoue non-seulement un orateur profondément versé dans les divines Écritures, mais encore un poète et un théologien :

« De même que la tourterelle, si elle est privée de son fidèle compagnon, s'en va solitaire et gémissante ; pendant la saison d'hiver, elle descend vers les vallées, elle habite dans le creux des troncs d'arbre : mais, quand vient l'été, elle s'élève vers les montagnes et y fait son séjour ; — de même, le vrai pénitent se tient éloigné du péché : tant qu'il vit dans ce corps périssable, il se regarde comme en exil loin du Seigneur : il est privé de son bien-aimé, et

---

l'église de Châteauneuf, dans la chapelle de la Vierge, un tableau qui provient de l'ancien château, où il se trouvait avant la Révolution. Ce tableau représente un religieux en prière devant l'Enfant-Jésus, que la Mère de Dieu lui présente. C'est là, croyons-nous, un témoin de l'ancienne tradition du pays, relativement à ce miracle de saint Antoine.

voilà pourquoi il vit solitaire et ne se mêle pas à la foule turbulente; il se plaît aux gémissements, il aime la solitude de l'esprit et du corps. Pendant l'hiver de la vie présente, il se contente de peu : mais, quand viendra l'été de la gloire éternelle, il prendra son vol vers les montagnes de la céleste patrie (1). »

Voici une autre citation : nous l'empruntons à un sermon pour le second dimanche après la Trinité qui a pour texte : « Un homme fit un grand festin, *une grande cène : Homo quidam fecit cœnam magnam*. Luc, XIV.)

» Il y a deux cènes, celles de la pénitence et celle de la gloire ; mais on ne peut arriver à la seconde sans assister à la première...

» La grâce du Saint-Esprit allaite le pénitent, pour le détourner du lait des vanités mondaines...

» De même que la nourrice qui veut sevrer son petit enfant met sur son sein quelque suc amer, afin que son enfant, lorsqu'il veut chercher la douceur du lait maternel, trouve l'amertume qui l'en éloigne ; de même la grâce du Saint-Esprit mêle des amertumes aux joies temporelles, afin que l'homme s'en dégoûte et recherche le véritable bonheur.

» La cène de la gloire, c'est le banquet de la vie éternelle.

» Dans cette cène, nous mangeons des mets exquis, figurés par ces fruits que les enfants d'Israël apportèrent de la Terre promise, des raisins, des figues et des grenades (2).

» Le raisin, d'où le vin est exprimé, signifie la joie que

-----

(1) Divi Antonii Paduani *Sermones*, opera et studio R. P. Antonii Pagi Avenione, 1684, in-8, p. 185-187.

(2) « Nota quod in illa cœna cibaria magna comedemus, scilicet fructos illos quos filii Israel (ut dicitur Num. 13), attulerunt de Terra promissionis, uvas scilicet et ficus et mala granata. » (Cf. *Numer.*, XIII, 24.)

les élus gouteront dans la vision du Verbe-Incarné : « Pour moi, dit le prophète, je tressaillerai de joie dans le Seigneur et dans mon Jésus (1) », qui, pour me sauver, s'est revêtu de ma chair, et l'a élevée au-dessus des chœurs des anges.

» La figue, qui tire son nom de la fécondité, et qui est plus douce que tous les autres fruits, signifie la douceur que les saints éprouveront par la vision de la Sainte-Trinité, vision dont il est parlé au psaume trentième : « Qu'elle est grande, Seigneur, la multitude des douceurs que vous avez cachées à ceux qui vous craignent (2), » afin que, étant cachées, elles fussent cherchées avec plus de ferveur: qu'étant trouvées, elles fussent aimées avec plus de douceur ; qu'étant aimées, elles fussent possédées éternellement !

» La grenade désigne l'unité de l'Église triomphante et la diversité des récompenses célestes. On l'appelle grenade parce qu'elle renferme des grains odorants. Or, de même que, dans une grenade, tous les grains se trouvent sous une même écorce, et cependant chaque grain a son alvéole à part, et comme une cellule distincte, — de même, dans la vie éternelle, tous les saints auront une même gloire, et toutefois chacun d'eux, selon son propre mérite, recevra une récompense plus ou moins grande : c'est pourquoi le Christ a dit : « Il y a plusieurs demeures dans la maison de mon père » (3) : voilà des cellules distinctes et des récompenses diverses.

» Tels sont les fruits que nous mangerons dans la cène de la gloire (3 . »

(1) « Ego autem exultabo in Domino, — et exultabo in Deo — Jesu meo ». (HABACUC, III, 18.)

(2) « Quam magna multitudo dulcedinis tuæ, Domine, quam abscondisti timentibus te ! » (Psalm. xxx. 20.)

(3) « In domo patris mei mansiones multæ sunt. » (JOAN., XIV, 2.)

(4) S. ANTONII PADUANI *Opera omnia*, labore DE LA HAYE, 1739, in-fol. p. 283.

On voit quels aperçus, aussi poétiques qu'ingénieux, saint Antoine de Padoue sait tirer des trésors de la divine Écriture.

XXVII. — Nous lisons dans le Recueil des Bollandistes et dans les Annales des Frères-Mineurs le récit d'un miracle opéré à Brive, miracle dont la tradition locale a gardé un fidèle souvenir.

Un jour que, dans le couvent de fondation nouvelle, le frère cuisinier n'avait rien pour préparer le repas de la communauté, saint Antoine fit savoir son embarras à une pieuse dame de la ville, en la priant de lui envoyer quelques légumes de son jardin. Ce jour-là, une pluie torrentielle tombait sans relâche. Cette dame appela sa servante, et, lui parlant avec douceur, la pria d'aller promptement au jardin, et de porter aux Frères les légumes nécessaires pour le repas du soir. La servante, vivement contrariée, allégua la pluie qui tombait à flots ; toutefois, cédant aux prières de sa maîtresse, elle ramassa les légumes qu'il fallait pour le repas des Frères, et les porta au couvent, qui était assez éloigné de la ville. Chose merveilleuse! quoiqu'il n'eut pas cessé un instant de pleuvoir, elle ne reçut pas sur ses vêtements une seule goutte d'eau. De retour chez sa maîtresse, elle lui montra sa robe entièrement sèche, et lui raconta le prodige dont elle avait été l'objet. Cette dame avait un fils nommé Pierre, qui fut chanoine de Saint-Léonard de Noblac. Pierre de Brive racontait souvent, avec joie et allégresse, à la louange du saint, ce miracle dont il tenait le récit de sa mère. Cette pieuse dame conjura son fils de faire tous ses efforts à l'avenir pour que rien ne manquât aux Frères, en l'assurant qu'il en recevrait infailliblement la récompense du Seigneur : il observa fidèlement cette recommandation (1).

____

(1) *Acta SS.*, t. II junii, p. 727. — WADDING, *Annal. Minorum*, t. I, p. 433.

C'est en mémoire de ce miracle que se tient tous les ans, à Brive, le marché qu'on appelle : « La foire aux oignons ». C'est le dimanche après la fête de saint Barthélemy 24 août que cette foire se tient sur la place Sainte-Ursule, qui était autrefois la place des Cordeliers ou Franciscains (1).

XXVIII. — Rappelons quelques autres miracles que saint Antoine de Padoue opéra en Limousin. — Une femme qui revenait d'entendre un sermon du bienheureux trouva son petit enfant mort dans son berceau. Elle courut aussitôt vers saint Antoine, et, après avoir recueilli de sa bouche ces paroles que le Christ a prononcées dans l'Évangile : — « *Allez, votre fils est vivant* », elle revint à sa maison, et retrouva son petit enfant qui était plein de vie, et qui jouait avec d'autres enfants du voisinage (2).

XXIX. — Dans une ville du Limousin qu'on ne nomme pas, une autre femme, qui avait un très grand désir d'entendre prêcher saint Antoine, laissa son petit enfant seul à la maison ; et, à son retour, elle vit qu'il était tombé dans une chaudière d'eau bouillante. Aussitôt qu'elle l'aperçoit, elle pousse des cris de désespoir. En entendant ces cris, les voisins accourent et voient le petit enfant qui jouait au milieu de l'eau, et qui nageait, pour ainsi dire, dans un bassin d'eau tiède. Ils le sortirent de la chaudière, et constatèrent qu'il n'avait, au milieu d'un si grand péril, encouru aucun mal, ni reçu aucune lésion. C'est pourquoi ils allèrent, avec une ardeur encore plus grande, entendre les sermons du merveilleux thaumaturge (3).

---

(1) BONNELYE, *Saint Antoine de Padoue*, 1876, p. 104.

(2) WADDING, *Annal. Minorum*, 1625, T. I, p. 434. — Cf. *Acta SS.* T. II junii, p. 729.

(3) WADDING, *Annal. Minorum*, T. I, p. 434. — Cf. *Acta SS.* T. II junii, p. 728.

XXX. — Nous avons eu maintes fois l'occasion de citer des sermons de saint Antoine : avant de terminer cet opuscule, glanons çà et là dans le recueil de ses œuvres quelques fragments, quelques pensées, qui nous donneront une véritable idée de son genre oratoire.

Il excelle surtout dans l'explication et la paraphrase de la Sainte-Écriture. Voici comment il développe cette parole de l'Évangile : « *Et erat subditus illis* » (Luc, II, 51) :

« *Et il leur était soumis*. Que tout orgueil se fonde comme la cire, que toute résistance se rende, que toute désobéissance s'humilie, en entendant dire que *Jésus leur était soumis !* Qui donc n'est pas soumis à Celui qui, par sa seule parole, a tiré l'univers du néant ? à Celui qui, selon l'expression d'Isaïe, *a mesuré les eaux* de l'océan *dans le creux de sa main, et qui, la tenant étendue, a pesé les cieux ? — à Celui qui soutient de trois doigts toute la masse de la terre ?* — à Celui dont Job a dit *qu'il ébranle la terre et déplace son axe ?* C'est lui, c'est ce grand Dieu qui fait des choses si prodigieuses, qui leur était soumis ! Et à qui était-il soumis ? A un ouvrier et à une pauvre petite vierge. O Dieu ! vous êtes le premier, et vous êtes le dernier ! ô roi des anges ! vous avez daigné vous soumettre à des hommes ! Le créateur du ciel est soumis à un ouvrier ! le Dieu de l'éternelle gloire est soumis à une pauvre petite vierge ! Qui jamais entendit raconter pareille chose ? qui vit jamais un pareil spectacle ? Désormais que le philosophe ne dédaigne pas d'obéir et de se soumettre à un pêcheur, le savant à l'homme simple, le lettré à l'ignorant, le fils du prince à l'homme du peuple (1) ! »

Dans un autre sermon, ayant à montrer comment le

____

(1) S. ANTONII PADUANI *Opera*, in-fol. p. 18. — Le P. AT. *Vie de saint Antoine de Padoue*, p. 437.

nom de Marie est le symbole de l'humilité, il fait l'éloge de cette vertu, et s'exprime en ces termes :

« L'humble Marie est l'étoile de la mer... O humilité, étoile de la mer, tes doux rayons illuminent la nuit et montrent le port. Tu brilles comme une flamme, et tu nous montres le roi des rois, Jésus Notre-Seigneur. Il est écrit dans saint Mathieu : « *Apprenez de moi que je suis* » *doux et humble de cœur* ». Celui qui ne se dirige pas d'après cette étoile est aveugle ; il n'avance qu'à tâtons. Son frêle esquif est le jouet de la tempête, et il ne tarde pas à s'abîmer dans les flots écumants [1].

» O étoile de la mer, ô humilité du cœur, tu changes la mer terrible et orageuse en un lac à la surface calme et tranquille. Oh! qu'elle est douce l'amertume, qu'elle est légère la tribulation que les élus supportent pour le nom du Christ! Les pierres furent douces au martyr saint Étienne, le gril à Laurent, les charbons de feu à Vincent. L'humilité seule fait goûter avec joie la tribulation et la douleur [2]. »

Cette élévation de pensées et de sentiments n'empêche pas l'orateur de descendre sur le terrain de la pratique. Écoutons ce qu'il dit sur les qualités que doit avoir la confession :

« Le confesseur doit demander les quatre choses suivantes au pénitent : 1° s'il a de la douleur et du repentir des péchés commis ; 2° s'il est disposé à accomplir humblement la pénitence qui lui sera enjointe ; 3° s'il a le ferme propos de ne plus commettre le péché mortel à l'avenir; 4° s'il veut satisfaire au prochain, lui pardonner et l'aimer. S'il répond affirmativement à toutes ces questions, le prêtre

[1] Le P. At, *Vie de saint Antoine de Padoue*, p. 458.
[2] S. Antonii Paduani *Opera*, in-fol., p. 12.

doit lui imposer une pénitence et l'absoudre : sinon,
non (1). »

Citons encore l'extrait suivant du sermon pour le mer-
credi de la seconde semaine de Carême, qui a pour sujet
l'utilité des souffrances :

« D'après Salomon, Dieu nous a donné trois livres : le
livre de la conscience, qui est dans notre cœur ; le livre de
l'Écriture, qui parle à nos oreilles, et le livre de la
nature, qui se déroule sous nos yeux. C'est là ce que
signifient ces paroles des Proverbes : *Ecce descripsi eam
tripliciter* (PROVERB., XXII, 20). C'est pourquoi il nous
faut consulter tantôt l'un, tantôt l'autre de ces trois livres.

» Or, si nous consultons le livre de la nature, nous
voyons que les fruits, quelque doux, quelque délicieux
qu'ils soient, ne viennent à maturité qu'en passant par
divers degrés d'amertume. Tels sont, par exemple, les raisins, qui sont d'abord d'un goût très acide et d'une grande
âpreté : les figues, qui sont d'abord très amères : les fruits
du sorbier, etc.

» De même, en réalité, les fruits de la vie éternelle ne
mûrissent pour nous qu'après avoir passé par divers états
d'amertume.

» Le Sauveur, voulant que les fruits de la gloire viennent de la sorte à maturité pour nous, nous a enseigné
par son exemple qu'il faut passer par la voie des souffrances et les douleurs du Calvaire pour arriver à la gloire
du paradis.

» Mais, dira-t-on, pourquoi le Seigneur envoie-t-il des
tribulations aux justes ? — Il le fait pour plusieurs mo-
tifs : 1° afin qu'ils soient purifiés. (*Simon*, disait le Sauveur à saint Pierre, *Satan a demandé de vous passer au
crible, comme on passe du froment* (LUC, XXII, 31) : —
exemple : les eaux de la mer sont purifiées par la tem-

____

(1) S. ANTONII *Opera*, p. 10.

pète) ; 2° afin que les justes n'attachent pas leur cœur aux biens passagers de ce monde ; 3° afin qu'ils soient délivrés des tentations de l'orgueil ou de la chair ; 4° afin qu'ils accélèrent leur marche dans le chemin de la vertu : *Nil nocet emisso subdere calcar equo; — Multiplicatæ sunt infirmitates eorum, postea acceleraverunt* (PSALM. XV, 4) ; 5° pour faire trembler les pécheurs, en leur rappelant les châtiments dont il punit ses ennemis : (*Si justus vix salvabitur, impius et peccator ubi parebunt* (I PETR., IV, 18) ; 6° afin que nous ne pensions pas que les tribulations arrivent à cause des péchés, comme le croyaient les amis de Job ; 7° pour augmenter la grâce et les mérites de ses serviteurs : *Ignis flatu premitur, ut crescat,* dit saint Jérôme » (1).

Les moindres détails de la Sainte-Écriture servent de thème à saint Antoine de Padoue pour les applications les plus ingénieuses : par exemple, en expliquant ces paroles de l'Évangile sur les noces de Cana : « *Il y avait là six urnes de pierre placées pour la purification des Juifs* » (JOANN., II, 6), il trouve dans ce texte un sens mystique, et il s'exprime en ces termes : « Ces six urnes sont la contrition, la confession, la prière, le jeûne, l'aumône et le pardon des injures. C'est là que se purifient les Juifs, c'est-à-dire les pénitents, de toutes sortes de péchés. » Et il prouve, à l'aide de textes nombreux empruntés aux divers livres de l'Ancien et du Nouveau Testament, que l'âme est purifiée de ses péchés par la contrition, puis par la confession, ensuite par la prière et par le jeûne, enfin par l'aumône et le pardon des injures (2).

Il possède l'art de grouper les paroles de la Sainte-Écriture qui se rapportent à un même sujet, et il tire de là de

---

(1) S. ANTONII PADUANI *Opera*, édit. de la Haye, in-fol., p. 73, 74.

(2) Sermon sur le second dimanche après l'Épiphanie. (S. ANTONII PADUANI *Opera*, p. 20.)

précieux enseignements. Aussi il dit que, d'après les évangiles de saint Luc et de saint Jean, la sainte Vierge n'a prononcé que six paroles : 1° *Quomodo fiet istud?* — 2° *Ecce ancilla Domini;* — 3° *Magnificat;* — 4° *Fili, quod fecisti nobis sic?* — 5° *Vinum non habent;* — 6° *Quodcumque dixerit vobis, facite.*

Dans la première de ces paroles il voit le vœu de virginité prononcé par Marie : — dans la seconde, son obéissance et son humilité : — dans la troisième, sa reconnaissance pour les bienfaits de Dieu ; — dans la quatrième, sa sollicitude pour son fils ; — dans la cinquième, sa compassion pour les pauvres et les malheureux : — dans la sixième, sa confiance et sa certitude à l'égard de la puissance de son fils (1).

On voit, par les extraits qui précèdent, que les sermons de saint Antoine de Padoue sont une mine féconde où les prédicateurs et les fidèles peuvent puiser des considérations d'un ordre très élevé, des mouvements d'une véritable éloquence, et des pensées pleines d'édification.

XXXI. — Saint François d'Assise, le fondateur de l'Ordre des Frères-Mineurs, rendit son âme à Dieu, dans le monastère de Sainte-Marie-des-Anges, le 4 octobre 1226. Le frère Élie, vicaire général alors en fonctions, annonça à tous les provinciaux de l'Ordre, par une circulaire, le bienheureux trépas du patriarche séraphique. La lettre envoyée au provincial de France portait cette adresse : « A mon bien-aimé frère en Jésus-Christ le frère Grégoire, ministre des frères qui sont en France, et à tous ses frères et les nôtres, le frère Élie, pécheur, salut. »

Ce ne fut pas sans émotion et sans larmes qu'Antoine de Padoue lut dans son couvent *des Menudets*, à Limoges, cette lettre-circulaire, qui respire la plus vive piété et exprime les plus nobles sentiments.

------

(1) *Ibid.*, p. 19.

« Avant de parler, je gémis..., le malheur que je craignais est arrivé : il est tombé sur vous et sur moi. Notre consolateur s'est éloigné de nous : celui qui nous portait, comme des agneaux, entre ses bras, est-parti pour une région lointaine. Aimé de Dieu et des hommes, il a été reçu dans les demeures célestes... Il faut se réjouir grandement à cause de lui, mais il faut s'affliger à cause de nous, parce que, lui absent, nous sommes environnés de ténèbres et couverts des ombres de la mort.... C'est pourquoi je vous prie, pleurez avec moi, mes frères, car je suis dans un grand deuil, et je vous plains aussi, car nous sommes des orphelins sans père, nous sommes privés de la lumière de nos yeux. Oui, c'était vraiment une lumière que la présence de notre frère et de notre père François, non-seulement pour nous qui étions près de lui, mais encore pour ceux qui en étaient éloignés.... Toutefois, mes fils et mes frères, il ne faut pas vous attrister outre mesure, car Dieu, le père des orphelins, nous consolera de ses saintes consolations. Si vous pleurez, mes frères, que ce soit sur vous et non sur lui, car au milieu de la vie nous sommes dans la mort, tandis que lui a passé de la mort à la vie. Réjouissez-vous, car, avant de nous être enlevé, il a, comme un autre Jacob, béni tous ses enfants... Et maintenant je vous annonce une grande joie et un nouveau miracle. Jamais on n'a entendu parler d'un pareil prodige, excepté à l'égard du Fils de Dieu, qui est le Christ. Peu de temps avant sa mort, notre père et notre frère a été vu crucifié, portant dans son corps les cinq plaies qui sont les stigmates du Christ : car ses mains et ses pieds, qui ont les marques des clous tracées des deux côtés, en gardent les cicatrices et montrent même la noirceur des clous ; son côté, qu'on voit percé comme d'une lance, a maintes fois donné du sang. Pendant sa vie, ses membres contractés étaient rigides comme ceux d'un homme mort : depuis son trépas, son visage est très beau et réjouit la vue ; ses membras sont devenus flexibles comme ceux d'un petit enfant. Donc, mes frères, bénissez le Dieu du ciel, et louez-le eu

présence de tous, car il a fait éclater à notre égard ses mi-
séricordes (1). »

D'après une prescription de la règle établie par saint
François, quand le ministre général de l'Ordre vient à
mourir, l'élection de son successeur doit se faire, à la fête
de la Pentecôte, dans le Chapitre, auquel tous les provinciaux et custodes de l'Ordre sont tenus d'assister, en quelque endroit qu'ils aient été convoqués à cette fin par le
vicaire général (2).

La charge de custode qu'Antoine remplissait en Limousin lui faisant un devoir d'assister au Chapitre qui devait
se tenir pour cette élection, il songea à se mettre en route
pour l'Italie. Avant de se rendre à Assise, où le Chapitre
général devait s'assembler, il voulut voir Rome. La capi-
tale du monde chrétien l'attirait fortement, car il désirait
avec ardeur voir le Souverain-Pontife, et déposer à ses
pieds l'hommage de sa foi et de sa profonde vénération.

XXXII. — C'est dans les premiers mois de l'année 1227
que saint Antoine de Padoue quitta le Limousin et se mit
en route vers la Provence, afin de s'embarquer à Marseille
pour se rendre à Rome. Ce voyage ne se fit pas sans miracles. Nous empruntons à frère Jean Rigaud, franciscain
limousin, — qui écrivit au XIIIᵉ siècle la légende de saint
Antoine, — le récit du fait suivant : le lecteur ne trouvera
pas mauvais que nous laissions à ce récit sa couleur simple et naïve :

« Dans le temps où saint Antoine, ayant été custode du

____

(1) WADDING, *Annal. Minorum*, 1625, T. I, p. 355.
(2) « Quo (Generali Ministro) decedente, electio successoris fiat
a Ministris provincialibus et Custodibus in Capitulo Pentecostes,
in quo provinciales Ministri teneantur semper in simul conve-
nire, ubicumque a Generali Ministro fuerit constitutum. » (*Regula
Fratrum Minorum*, cap. VIII, *Opuscula B. Francisci*, éd. de la
Haye, p. 31.)

Limousin, s'éloignait de ce pays pour se rendre en Italie, il passa par la Provence. Il arriva, un soir, dans un petit village. Comme l'heure du dîner était passée, une pieuse femme, qui était pauvre, apprenant qu'Antoine et son compagnon étaient à jeun, et ayant pitié d'eux, les fit entrer dans sa maison pour dîner. Elle dressa la table, y mit du pain et du vin, et emprunta à une voisine une coupe de verre. Dieu, qui voulait faire sortir un grand avantage d'un petit accident, permit que cette femme, en tirant le vin du tonneau, laissât imprudemment le faucet (1) de la barrique, de sorte que tout le vin se répandit sur le pavé du cellier. De plus, le frère qui accompagnait saint Antoine, ayant pris maladroitement la coupe de verre, la brisa en la posant sur la table, de manière que la partie supérieure de la coupe resta d'un côté, et le pied de la coupe de l'autre.

» Vers la fin du dîner, cette femme, voulant servir aux frères du vin frais, entra dans son cellier, et trouva que le vin était presque entièrement répandu sur le pavé. Elle revint triste et toute troublée, et raconta comment le vin s'était répandu par son imprudence. Le bienheureux Antoine, ayant compassion de cette femme, se courba sur la table en mettant sa tête entre ses mains, et commença à prier en silence. Pendant que cette femme le regardait ainsi prier et attendait l'issue de l'événement, la coupe de verre, qui était brisée en deux parts, se rajusta par la vertu divine, et se remit dans le même état qu'auparavant. En voyant cela, cette femme, tout étonnée, prit aussitôt la coupe entre ses mains, et, la secouant avec force, s'assura qu'elle était parfaitement rajustée. Donc, pensant que la vertu qui

---

(1) Petite broche de bois servant à fermer le trou d'une barrique d'où l'on tire du vin. Ce mot, employé par le P. Bonaventure (III, 551), est encore en usage en Limousin. Il y a dans le texte latin *clepsedra*, qui a le même sens que *ducillus* ou *douzil*. Nous trouvons ce dernier mot employé par Bernard Itier, au xiiie siècle. (Voir DUPLÈS-AGIER, p. 77.)

avait ainsi restauré la coupe, pourrait remettre dans le tonneau le vin qui s'était répandu dehors, elle courut au cellier, et vit que le tonneau, qui n'était pas auparavant rempli jusqu'au milieu, était tellement plein qu'il débordait et bouillonnait comme du vin nouveau. Et c'était en effet du vin nouveau que Dieu venait de créer ou d'augmenter, afin que la vertu et l'efficacité de la prière d'Antoine apparussent dans ce miracle (1). »

XXXIII. — Arrivé à Rome, Antoine de Padoue fut appelé à prêcher, et l'on accourut en foule à ses sermons. Le Pape Grégoire IX voulut l'entendre, et, admirant la profondeur de sa doctrine fortement nourrie de la Sainte-Écriture, qu'il expliquait et développait avec un talent merveilleux, il l'appela : « *l'Arche du Testament et la bibliothèque des Écritures sacrées* » (2). Magnifique témoignage, par lequel le Souverain-Pontife reconnaissait et proclamait bien haut qu'Antoine de Padoue savait par cœur toutes les pages de l'Ancien et du Nouveau Testament et interprétait admirablement le sens mystérieux des Saintes-Écritures. L'histoire a enregistré cette parole du pape Grégoire IX, comme elle enregistrera cette autre parole que le pape Pie IX a prononcée à la louange de l'évêque de Tulle, Mgr Berteaud, une des gloires de Limoges : « C'est la tradition vivante de l'Église, ornée de toute la poésie du ciel, — *e tutta la poesia del cielo* ».

----

(1) Voir. à l'*Appendic.* le texte inédit de frère Jean Rigaud. — Cf. *Acta SS.*, T. II juni., p. 730.

(2) Arca Testamenti et sacrarum Scripturarum armarium. (Ap, FRANCISC. PAGI, *Breviarum pontific. Roman.* Gregor. IX, n° XXVII, T. III, p. 270. — *Acta SS.*, T. II junii. p. 708. — WADDING, *Annal. Minor.*, T. I, p. 370).

APPENDICE

—

LÉGENDE DE SAINT ANTOINE DE PADOUE

PAR FRÈRE JEAN RIGAUD

Franciscain limousin, mort évêque de Tréguier

*Ea vero que sequuntur de sancto Antonio exce-
pimus sub compendio ex legenda quam conscripsit
religiosus vir frater Johannes Rigaudi lemo-
vicencis diocesis post modum episcopus trecorensis.*

Contigit, dum beatus Antonius esset
custos fratribus in lemovicensi custodia deputatus, in ebdomada
sancta, in nocte cene, media vide-
licet nocte, cum esset in castro seu villa lemovicensi, in ecclesia quadam parrochiali, que dicitur
Sancti Petri de Quadravio, ut, completo ibidem
matutinali officio, ex more populo predicaret :
fratres autem minores in loco suo eadem hora ma-
tutinale officium decantabant (custos autem
sanctus Antonius erat pro una legenda in matutinali officio in choro, ut moris est, ordinatus) :
vir igitur Dei Antonius in predicta ecclesia Sancti Petri,
que a loco fratrum magno spacio distat, actua-
liter predicabat. Dum autem fratres in ma[tu]tinali officio processis eut usque ad lectionem quam beatus
Antonius erat lecturus, subito ipse in medio
chori apparuit et lectionem incepit et ad finem
usque adimplevit. Attoniti et admirati sunt
fratres universi qui aderant, qui eum esse in villa, in
predicta ecclesia Sancti Petri, causa predicationis, sciebant.

Una etenim virtus Dei hora fecit eum esse cum
fratribus presentem in choro, ubi leccionem legit, et
in predicta ecclesia cum populo, cui predicavit :
scilicet presens existens in ecclesia siluit coram
populo, quamdiu leccionem legit in choro, ne in di-
vino officio, ejus occasione, aliqua esset
inordinatio.

Contigit illo tempore quo custos lemovicensis fuerat ut recedens de lemovi-
cinio vadens in Ytaliam per provinciam Provin-
cie pertransiret. Dum igitur ad quemdam parvum
locum pervenisset et hora prandii jam transisset,
quedam devota et pauper mulier eum et socium
suum jejunos esse audiens eisque compaciens
ad domum suam ad prandium introduxit
mensam ponit panemque et vinum super-
posuit et a quadam vicina ciphum vitreum
mutuavit. Volens autem Deus facere cum
deprecacione [1] proventum permisit quod mulier vinum
de dolio suo extrahens incaute clepsedram
dolii dereliquit, et vinum ejus per pavimentum
cellarii totum effusum fuit. Socius quoque beati
Antonii inepte ciphum vitreum accipiens
eum sic ad mensam collisit quod pars cyphi
superior integra ad partem unam et pes [2] ejus-
dem ciphi integer ad partem aliam reman-
serunt.

Circa finem igitur prandii cum mulier
vinum recens vellet fratribus propinare
intrans cellarium invenit vinum quasi totum
per pavimentum effusum. Rediens igitur tristis

---

(1) Il y a dans le texte des Bollandistes : « **Deus facere volens cum** *lentatione* **proventum** » (p. 730). Cette leçon est plus exacte, car c'est une
allusion aux paroles de saint Paul : « **Faciet etiam cum** *lentatione* **proventum** » (I Corinth., x, 13.)

(2) Il y a *spes* dans le ms.

et turbata, dum esse (1) effusum ex sua incautella
retulisset, beatus Antonius mulieri compaciens caput suum inter palmas suas super
mensam reclinavit et silenter oravit, dumque
mulier eum sic orantem respiceret et rei exitum
expectaret, cyphus vitreus sic divisus
ut premittitur virtute divina motu proprio
se erexit. Quod multum videns et stupens cele-
riter accepit et valde concuciens reintegratum
conspexit. Credens igitur quod virtus que cyphum
reintegraverat posset vinum deperditum restau-
rare gradu concito ad cellarium properat
et dolium, quod vix erat antea usque ad me-
dium, sic plenum reperit quod per sumitatem
ejus vinum erat scaturiens et buliens
tanquam novum, et bene novum quod Deus de novo
creaverat aut augmentaverat, ut virtus
oracionis Antonii in miraculo appareret.

Cum beatus Antonius esset custos lemovicensis, quodam vero sero, ipso in oracione
post completorium existente, contigit ut
fratres quidam oratorium exeuntes viderent
ad radium lune quemdam magnum campum
loco fratrum in quo tunc morabantur convici-
num cujusdam amici fratrum plenum tritico ad
colligendum parato varia multitudine
hominum repletum, qui campum illum videba[n]
tur totaliter dissipare et spicas tritici ra-
dicitus extirpare. Condolentes igitur fratres
de dampno devoti amici sui ad virum Dei
in oracione deditum (2) gradu concito concur-
rerunt et dampnum devoti amici ordinis re-
tulerunt. Quibus ille ait : « Sinite, fratres, sinite, et ad oracionem redite, quo[d] iste adversarius
noster Dyabolus qui satagit nobis inquietam noctem
dare et ab oracione nostros animos perturbare.
Constanter enim scitote quod campo devoti

---

(1) Ms. *esset.*
(2) Ms. *perditum.*

nostri hac vice nullum dampnum vel destruccio
inferetur ». Obediunt fratres usque mane, rei
exitum expectantes. Facto autem mane campum
undique circumspicientes viderunt ipsum in-
tactum penitus et illesum. Ex quo et frau-
dem Dyaboli cognoverunt et devocionem
Sancti et oracionem ejus ex cognita fraude demo-
num in majori reverencia habuerunt.

Cum semel beatus Antonius lemovicis
predicare [t] in quadam platea valde la-
ta, in loco qui vulgariter dicitur Crosus seu Fo-
vea de Arenis, et populus verbis predicacionis
diligencius intenderet, subito inceperunt
audiri tonitrua et coruscationis ignite
videri et pluvia cadere de celo. Cumque populus, timens tempestatem et pluvia [m], cepisset
a loco moveri et animo commoveri, vir blande
confortans eos ait : « Ne timeatis nec
a loco recedatis, nec ab auditu verbi
desistatis, quia spero in Domino quod modo nobis
pluvia non nocebit ». Acquievit populus
verbo ejus, et qui ligat aquas in nubibus
ipse Deus sic aquas super eos ligavit, ut
ubique circa civitatem plueret habundanter,
et tunc post verbum viri Dei nec una guta
super populum caderet, qui audiendo verbo
Dei intendebat. Quia enim super eos de celo verbum divinum quasi ymber spiritualis des-
cendebat. Idcirco eos ab imbrium temporali-
um incomodis mirabiliter defendebat
ut virtus divini verbi et oracionis sancti Antonii
liquidius apparebat. Continuavit sermonem quamdiu sibi placuit et populus attente
audivit. Surgentes autem a sermone viderunt terram aliam madiam et complutam
et locum in quo steterant aridum sicut prius.

(*Biblioth. nationale*, ms. latin 5407, fol. CVII — Sanctoral de Ber-
rard Guy, né à Laroche-l'Abeille).

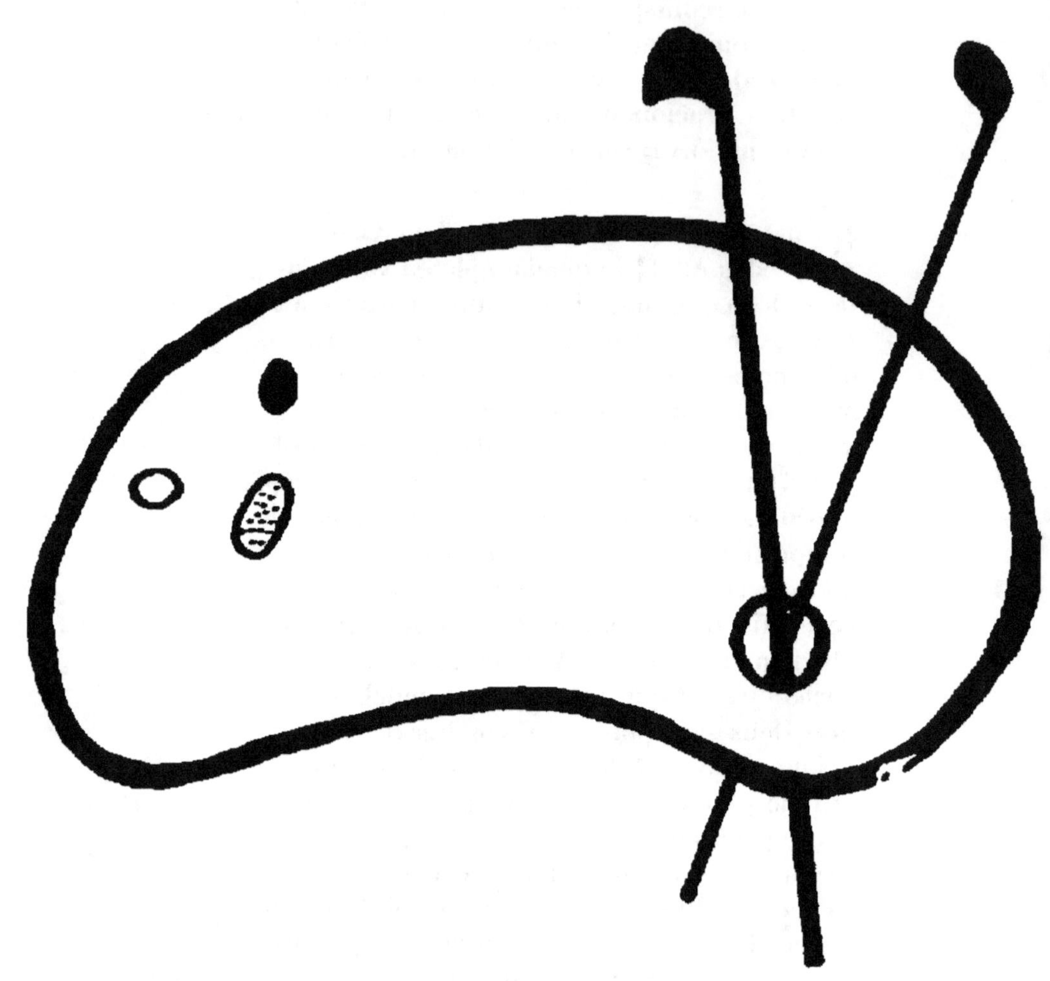

ORIGINAL EN COULEUR

NF Z 43-120-8